Cahier Sauvage 1

신화, 인류 최고의 철학

JINRUI SAIKO NO TETSUGAKU 人類最古の哲學

ⓒ 2001 Shinichi Nakazawa
All rights reserved.
Original Japanese edition published by Kodansha Ltd.
Korean translation copyright ⓒ 2002 by East-Asia Publishing Co.
Korean translation rights arranged with Kodansha Ltd.
through Enters Korea Co., Ltd.

이 책의 한국어판 저작권은 엔터스 코리아를 통해 일본 고단샤와 독점 계약한
도서출판 동아시아가 소유합니다.
저작권법에 의해 한국 내에서 보호를 받는 저작물이므로 무단전재와 무단복제를 금합니다.

신화, 인류 최고의 철학

1

Nakazawa Shinichi
Kodansha: Cahier Sauvage Series No.

| 나카자와 신이치 中澤新一 지음 | 김옥희 옮김 |

동아시아

신화, 인류 최고最古의 철학

초판 1쇄 펴낸날 2003년 1월 11일
초판 13쇄 펴낸날 2024년 4월 8일

지은이	나카자와 신이치中澤新一
옮긴이	김옥희
펴낸이	한성봉
편집	차수연·김영주
경영지원	국지연·송인경
마케팅	박신용·오주형·박민지·이예지
펴낸곳	도서출판 동아시아
등록	1998년 3월 5일 제1998-000243호
주소	서울시 중구 필동로8길 73 [예장동 1-42] 동아시아빌딩
블로그	blog.naver.com/dongasiabook
페이스북	www.facebook.com/dongasiabooks
인스타그램	www.instagram.com/dongasiabook
전자우편	dongasiabook@naver.com
전화	02) 757-9724~5
팩스	02) 757-9726

ISBN 89-88165-25-X 03210
ISBN 89-88165-24-1(세트)

* 잘못된 책은 구입하신 서점에서 바꿔드립니다.

contents

신화, 인류 최고最古의 철학

머리말	카이에 소바주Cahier Sauvage에 대해서	06
서장	최초의 철학	12
제1장	전세계에 분포되어 있는 신화의 수수께끼	45
제2장	신화논리가 선호하는 것	71
제3장	신화로서의 신데렐라	91
제4장	신데렐라의 원형을 찾아	111
제5장	중국의 신데렐라	139
제6장	신데렐라에게 맞서는 신데렐라	161
제7장	신발 한 짝의 수수께끼	179
종장	신화와 현실	202
역자 후기	시공을 초월한 야생적 사고	234

머리말

카이에 소바주Cahier Sauvage에 대해서

다섯 권 예정으로 계속 출간될 카이에 소바주Cahier Sauvage 시리즈는 최근 몇 년 동안의 나의 강의를 기록한 것이다. 매주 목요일 오후에 '비교종교론'이란 제목으로 주로 대학 2~3학년 학생들을 대상으로 강의했다.

강의 내용의 기록을 책으로 출간하는 것은 이번이 처음이다. 강의는 강연과는 달리 충분한 시간을 들여 하나의 주제를 전개시킬 수 있으며, 글을 쓰는 것과 달리 리얼 타임의 비평가로서의 청중이 있다. 청중과의 암묵의 흥정, 관심을 끌기 위한 연기. 이런 심리적인 요소로 인해 강의라는 형식에서는 독특한 즉흥 연기가 가능해진다. 강의라는 형식을 매우 좋아한다는 걸 나는 최근에야 깨달았다.

길을 걷고 있을 때나 이야기를 할 때, 동시에 생각을 하는 경우가 많기 때문에 모처럼 떠오른 좋은 아이디어가 그냥 사라져버리곤 하는데, 이런 강의에서는 열심히 기록해주는 학생들이 있었던 덕택에 이야기하면서 떠오른 사고의 비말飛沫은 다행히 소멸을 면할 수가 있었다. 너무 많은 준비를 하면 좋은 강의가 되기 힘들다. 즉흥적인 강의 특유의 활기가 사라져버리기 때문이다. 소재를 선택해서 대강의 코드 진행을 결정하고, 강의의 실마리를 풀어갈 건반의 음높이만 결정해두면, 나머지는 주제가 (잘 풀린다면) 자동적으로 전개되어 간다. 그런 믿음이 흔들리지 않는다면 그 강의 시간은 행복하다. 그러나 한차 례 잔잔한 동요가 일 때는 허무감을 느끼며 교단을 떠나게 된다.

이 일련의 강의를 통해, 나는 우리가 살아 가는 이 현대라는 시대가 갖고 있는 과도기적인 성격을 밝혀 보고자 노력했다. 우리는 과학 혁명이라는 '제2차 형이상학 혁명'(이것은 미셸 웨르벡Michel Houelbecq이 『소립자Les Particules Elemaentaires』에서 사용한 용어다) 이후의 세계에 살고 있다. 그리고 그 세계가 마침내 머지않아 잠재적 가능성의 전모를 드러낼 것으로 여겨지는 다양한 징후들이 나타나기 시작했다.

이 제2차 '형이상학 혁명'이 묘한 성격을 갖고 있다는 점에 대해서는 레비 스트로스가 이미 밝힌 바 있다. 근현대의 과학이 구사해 온 사고의 모든 도구는, 1만 년쯤 전에 시작된 신석기 혁명의 시기에 우리의 선조에 해당하는 호모 사피엔스 사피엔스가 획득한 지적 능력 속에 이미 전부 준비되어 있던 것이다. 우리의 과학은 기술이나 사회제도, 신화나 제의祭儀 등을 통해 표현되던 그런 능력과 근본적으로 다른 시도를 해본 적이 아직 한번도 없다. 양자역학과 분자생물학마저도 아직 구석기를 사용하던 3만 년 전의 호모 사피엔스 사피엔스의 뇌에 일어났던 혁명적인 변화에 의해 발생한 것으로, 그런 사고의 직접적인 결실이라고 할 수 있다.

　제1차 '형이상학 혁명'에 해당하는 일신교의 성립에 의해 발생한 종교는 신석기 혁명적인 문명에 대한 대규모의 부정이나 억압 위에 성립되었다. 억압당한 '야생의 사고'로 불리는 그런 사고 능력이 제2차 '형이상학 혁명'을 통해 겉포장도 근거도 새롭게 바꾸어 '과학'으로 부활한 것이다. 3만여 년 전에 유럽의 북방으로 거대한 빙하군이 퍼져감으로 해서 인류는 생존을 위해 뇌 안의 뉴런의 접합양식을 변화시키는 데 성공했는데, 현대 생활은 그때 인류가 획득한 잠재능력을 전면적으로 발휘함으로써 이루어져 왔다고 할 수 있다. 그런데 이제는 그 혁명의 성과가 거의 바닥이 난 것은 아닌가 하는 예감이 확산되기 시작했다.

　우리는 이런 과도기에 살고 있다. 제3차 '형이상학 혁명'은 아직 요원한 일이다. 그 시대를 살아가는 지성인에게 주어진 과제는 세례자 요한처럼 영혼의 요르단 강가에 서서 닥쳐올 혁명이 어떤 구조의 혁명이 될지를 가능한 한 정확하게 예측해두는 일일 것이다. 종교는 과학(야생의 사고로 불리는 과학)을 억압함으로써 인류 정신에 새로운 지평을 열었다. 그런 종교를 부정하고 오늘날의 과학은 지상地上의 헤게모니를 획득했다. 그렇다면 제3차 '형이상학 혁명'이 어떤 구조의 혁명이 될지 대강 그 윤곽을 파악해볼 수 있다. 그것은 오늘날의 과학에 한계를 가져온 여러 조건들(기계론적으로 평범해진 생명과학, 분자생물학과 열역학의 불충분한 결합, 양자역학적 세계관이 생활과 사고의 전 분야로 확대되지 못하도록 막고 있는 서구형 자본주의의 영향력 등)을 부정하고, 일신교가 개척한 지평을 과학적 사고에 의해 변혁시킴으로써 가능해질 것이다.

그래서 이 일련의 강의에서는 구석기 인류의 사고에서부터 일신교 성립까지의 '초월적인 것'에 대해 인류의 사고와 관련이 있는 거의 모든 영역에 대한 답파踏破를 목표로 하여, 신화부터 시작해서 글로벌리즘의 신학적 구조에 이르기까지, 무척 자유분방한 걸음걸이로 사고가 전개되었다. 그래서 이 시리즈에는 '야생적 사고의 산책 Cahier Sauvage'이라는 의미의 제목이 붙게 되었다. 물론 이 제목에 『야생의 사고*La Pensée Sauvage*』라는 책과 그 책을 저술한 인물에 대한 나 자신의 변함없는 경애와 동경이 담겨 있는 것은 분명한 사실이다. 나는 70년대까지 전개된 20세기 지성의 달성에 대해 지금도 변함없이 깊은 존경과 사랑을 품고 있으며, 그런 향수가 나를 과거와 연결시켜 주고 있다.

*　　*　　*

　시리즈 카이에 소바주 제1권의 주제는 신화다. 어떤 형태의 형이상학 혁명도 일어나기 이전, 특히 국가나 일신교가 발생하기 이전의 인류는(구석기 시대 후기부터) 신화라는 양식을 이용해서 우주 안에서의 자신들의 위치나 자연의 질서, 인생의 의미 등에 대해 깊은 철학적 사고를 해왔다. 신화는 후에 발생한 종교와는 달리, 아무리 환상적인 상황을 상상하고 있을 때라 할지라도, 현실 세계에 대한 강렬한 관심과 현실 세계를 지적으로 이해하고 싶어하는 욕구를 상실한 적이 없다. 현실 세계를 희생시키면서까지 관념이나 환상의 세계에 몰두하려고 하는 비현실성에 빠지는 경우가 신화에는 절대로 없었다.

　그렇기 때문에 국가라는 형태가 갖추어지지 않았던 이른바 '자연민족'의 전승 신화에는 현실 세계와의 연결이 결코 단절되지 않는 소박하지만 복잡한 내력을 가진 '논리'의 체계가 내재되어 있다. 그 점에 대해서는 레비 스트로스가 지난 세기 후반에 밝힌 바 있다. 『신화논리』에 집약되어 있는 그의 연구는 '인류 사고의 모든 영역의 답파'를 목표로 하는 우리의 탐구에서도 절대적인 가치를 갖고 있다. 우리는 '칸트로부터 초월성을 제외하고' 진행된 레비 스트로스의 연구를, 초월적인 것의 발생도 대상에 포함시킨 우리의 탐구에 충분히 활용하고자 했다. 신화의 독자성과 그 내부에 내포되어 있는 모순(그런 모순으로 인해 초월적인 종교와 국가가 발생한다)을 밝힘으로 해서, 인류가 신화의 세계에서 나와서 어떤 땅에 발을 내딛게 되었는지를 아는 것도 우리의 중요한 주제라고 할 수 있다.

　이번 강의에서는 '신데렐라' 이야기가 주요 소재가 될 것이다. 현대에서는 월트 디즈니의 애니메이션에 의해 유명해진 이 이야기는 약간씩 변형된 형태로 유라시아 대륙에서 옛날부터(최초의 기록은 9세기에 이루어졌다) 널리 전승되었다. 이 이야기는 민화로 구전되면서도 신화로서의 특징을 상실하지 않은 매우 드문 예에 속한다. 그리고 신화로서는 구석기 시대까지 소급되는 것으로 여겨질 정도로 무척 오랜 역사를 갖고 있다. 이 이야기를 철저하게 분석함으로써 우리는 신화의 생명이라는 것에 대해 생각해 보고자 했는데, 그럼으로 해서 '철학'이라는 단어에 야생의 풍경을 회복시켜 보고 싶었던 것이다.

나카자와 신이치中澤新一

서장

최초의 철학

Nakazawa Shinichi
Kodansha : Cahier Sauvage Series No.1

'최초의 철학'

이제부터 신화학 입문에 대해 이야기하고자 합니다. 신화는 인간이 최초로 생각해낸 최고最古의 철학입니다. 어떤 영역의 것이든 인간의 위대한 창조물들은 전부 맨 처음에 만든 것들입니다. 우리가 오늘날 '철학'이라는 이름으로 알고 있는 것은, 신화가 처음으로 개척해서 그 후에 전개될 모든 것을 선점해둔 영토에서, 자연아自然兒의 대담함을 잃은 신중한 걸음걸이로 뒤쫓아가려는 시도에 불과한 것인지도 모릅니다. 신화는 대담한 방법으로 우주와 자연 속에서의 인간의 위치와 인생의 의미에 대해 깊이 사고하고자 했습니다. 인간의 가장 위대한 철학적 사고는 전부 신화 속에 감추어져 있다고 할 수 있을 정도입니다.

하지만 오늘날의 학교 교육에서는 신화에 대해 거의 논의하려 하지 않습니다. 신화는 유치하고 비합리적이고 비과학적이며 뒤떨어진 세계관을 내포하고 있는 것으로 치부되기 때문에, 신화에 대해 배워 보았자 오늘날처럼 과학 기술이 발달한 시대에는 전혀 가치가 없다고 생각하는 겁니다. 게다가 일본에서는 제2차 세계대전 이후에 교육방법이 크게 바뀌어, 『고사기古事記』나 『일본서기日本書紀』에 나와 있는 신화를 가르치려 하지 않게 되었습니다. 참으로 애석한 일입니다.

『기기記紀』(『고사기』와 『일본서기』를 줄여서 부르는 명칭―옮긴이) 신화는 8세기에 명백히 정치적 의도에 의해 편찬된 것이기는 하지만, 그 안에는 분명히 신석기 문화에 속하는(그 중에는 중석기 시대의 것으로 추정되는 성격의 것도 있습니다) 아주 오랜 내력을 가진 많은 신화가 보존되어 있습니다. 이런 현상은 세계의 여러 문명에서 유례를 찾기 힘듭니다. 아마존 강 유역의 원주민 사이에 전승되어온 신화와 똑같은 내용을 가진 신화가 『기기』에는 기록되어 있습니다. 또한 그것은 북아메리카 인디언의 신화하고도 서로 통합니다. 인류의 가장 오래된 철학적 사고의 단편들이 거기서 반짝반짝 빛나고 있는 게 보입니다. 이렇게 매력적인 것을 아이들에게 가르치지 않다니 이 얼마나 안타까운 일인가요?

학교 교육에서 가르치고자 하는 지식의 대부분은 기껏해야 100년에서 150년 전부터 현재까지에 해당하는 '근대modern' 시대에 축적된 지식에 불과합니다. '철학'의 경우도 그리스에서 발생한 이후로 2500년 정도의 역사밖에 갖고 있지 않습니다. 하지만 '최초의 철학'인 신화는 적어도 대략 3만여 년에 걸친 기나긴 역사를 갖고 있습니다. 그 오랜 기간에 인간이 축적해온 지혜와 지성이 신화에는 보존되어 있습니다. 신화도 끊임없이 변화와 변형을 이루어왔지만, 그 중심 부분에는 맨 처음에 타올랐던 철학적 사고의 마그마의 열이 아직도 보존되어 있습니다. 그렇기 때문에 신화를 배우지 않는다는 것은 곧 인간을 배우지 않는 것과 같습니다.

신석기 혁명

신화는 인류 최고最古의 철학이라고 처음에 말했습니다. 그러나 그것은 도대체 언제쯤 구전되기 시작한 걸까요? 우리가 '신화'로서 알고 있는 것은 제대로 된 이야기 형식을 갖추고 있으며 때로는 미적인 감동까지 느끼게 해줍니다. 처음부터 신화가 그런 식으로 제대로 된 형식을 갖추고 있었으리라고는 생각하기 힘듭니다. 인간 안에 철학적 사고의 작은 불꽃이 발생해 그런 불꽃들 사이에 연관성이 인식되고, 그것이 점차로 조직화되어 신화가 완성되어 왔을 것입니다. 철학적 사고의 최초의 불꽃이 인간의 뇌 속에 발생한 것은 아마도 후기 구석기 시대Upper Paleolithic Era라고 불리는 시대일 겁니다. 약 3만여 년 전에 해당하는 시대로 쇼베 동굴 등에서 우리 현생 인류('호모 사피엔스 사피엔스')의 선조들이 생활하고 있던 시대입니다.

현생 인류 이전에 지구상에 있던 네안데르탈인들에게 신화가 존재했었는지 여부에 대해서는 아직 모르는 점이 너무 많습니다. 인지론적 고고학 연구에 의하면 네안데르탈인들도 무덤을 만들어 매장을 했으므로 사후의 세계에 대한 관념을 갖고 있었던 것 같습니다. 하지만 대뇌의 용량이 현생 인류보다도 훨씬 큰 것으로 봐서, 그들의 뇌가 언어적 인식을 하는 부분과 사회적 인식을 하는 부분, 식물과 동물의 세계에 관한 박물학적 인식을 하는 부분 등으로 특화되어 나뉘어 발달해서(고고학자들은 이에 대해 '스위스 아미 나이프'와 같다는 표현을 합니다), 상호 간의 매끄러운 연결망은 아직 제대로 발달하지 않았던 것은 아닐까 하는 추측이 가능해집니다.

우리가 오늘날 알고 있는 모든 신화는 서로 다른 인식 영역을 연결시켜, 그런 영역들 사이를 유동적으로 움직이는 지성 활동을 특징으로 하고 있습니다. 따라서 네안데르탈인들에게도 '신화'가 존재했을 가능성도 충분히 생각할 수 있지만, 그것은 우리가 알고 있는 '신화' 하고는 상당히 이질적인 것이었던 듯한 느낌이 듭니다. 뇌 속에서 로 다른 인식 영역을 연결시켜 자유자재로 움직이는 뉴런 네트워크가 형성되고 나서야 비로소 그때까지 상이한 인식 영역에 축적되어 왔던 많은 지식이 신화로 구성되기에 이른 것이 아닐까요? 그리고 그때 철학적 사고의 최초의 불꽃이 피어오르기 시작했던 셈입니다. 네안데르탈인들은 죽음의 현실을 기호화할 수 있었지만, 현생 인류는 그것을 '의미'로까지 조직화할 수 있었다고 할 수 있습니다.

이 사람들이 오랜 세월을 들여 신석기 혁명을 준비합니다. 그리고 지금으로부터 8천~1만 년쯤 전에 지구상의 몇몇 지역에서 신석기 혁명이 일어났습니다. 농업이 시작되고 동물의 가축화가 이루어지게 됩니다. 후기 구석기 시대의 수렵민들의 지식과 체험의 축적을 토대로 이런 비약이 발생했습니다. 아마도 이것은 인류가 체험한 가장 거대한 혁명일 겁니다. 그 후 오늘에 이르기까지 이에 필적할 만한 혁명은 이루어진 적이 없습니다. 현대 문명마저도 신석기 혁명의 토대 위에 개화한 것이며, 이에 비하면 프랑스 혁명이나 러시아 혁명, IT 혁명은 한없이 우습게 보이고 맙니다.

그리고 이 시기에 인간 문화의 모든 영역에서 '조직화'라는 것이 이루어졌습니다. 이 중석기 시대(중석기 시대라는 것은 구석기 시대부터 신석기 시대에 걸친 오랜 변화의 중간적인 시기를 의미합니다. 이 시기에 혁명이 준비되었다고 할 수 있습니다)에 사고 영역에서도 조직화가 이루어집니다. 그로 인해 인류 안에 최초의 철학 형태인 신화가 만들어졌습니다. 그리고 그것이 오늘날 우리가 알고 있는 모든 신화의 토대가 되었습니다. 유라시아 대륙의 북동부, 캘리포니아 인디언, 아마존 강 유역, 오스트레일리아 대륙 등에 그런 가장 초기의 신화(이것을 '고신화古神話'라고 부르기로 하겠습니다)의 흔적이 보존되어 있는 것으로 여겨지는데, 이런 '고신화'를 중심으로 해서 그것을 변형시켜 전세계에서 엄청난 수의 신화가 계속 만들어졌습니다.

    이 신화들은 유라시아 대륙의 전역으로 퍼졌으며 베링 해협을 건너 아메리카 대륙으로도 들어갔습니다. 동남아시아에서 북동시베리아에 걸치는 지역에는 황색 인종들이 살고 있었으며, 이 사람들이 아메리카 대륙으로 건너갔기 때문에, 환태평양 전역에는 많은 공통점을 가진 신화가 전승되었습니다. 수렵민들의 이동 속도를 얕잡아 봐서는 안 됩니다. 중석기 시대의 귀중한 지적 재산이라고 할 수 있는 몇 개의 신화는 눈 깜짝할 사이에 광활한 영역으로 퍼졌던 것으로 보입니다. 따라서, 지금 우리가 일본의 신화로 알고 있는 것이 무척 멀리 떨어져 있는 곳에서 거의 같은 형태로 전승되어 오고 있다는 사실에 참으로 놀라지 않을 수 없는데, 이것은 신화가 지적 재산으로서 중석기 시대부터 신석기 시대에 걸쳐 지구의 광활한 영역으로 퍼져갔다는 사실을 이야기해 줍니다. 이러한 폭넓은 시야를 바탕으로 이제부터 '인류의 철학사'의 첫 페이지를 열어가고자 합니다.

신화와 과학

신화는 특유의 논리에 의해 구성되어 있습니다. 그 논리는 언뜻 보면 우리가 보통 '논리'라고 부르는 것과는 매우 이질적인 작용을 합니다.

인간과 동물이 변신에 의해 서로의 위치를 자유자재로 바꾸거나, 서로가 수행하고 있던 기능을 역전시켜버림으로 해서, 'A=A이며 A=not A가 아니다' 라는 식의 일반적인 논리가 통용되지 않게 됩니다. 신화에서 활용되는 논리는 '변증법' 이라는 논리와 유사한 점이 있으며, 불교에서 전개하는 '비즉非卽의 논리' 와도 매우 흡사합니다. 여하튼 신화에서의 모든 것은 형식 논리에 의해 진행되지 않으며 역동적인 비틀림이나 반전이나 터무니없는 비약이 자주 일어나도록 되어 있습니다.

게다가 신화는 '감각의 논리' 를 사용하기 때문에 한층 더 비합리적이라는 인상을 줍니다. 감각의 논리란 보거나, 듣거나, 냄새를 맡거나, 미각으로 맛을 보거나, 피부 접촉에 의해 뽀송뽀송하다거나 끈적끈적하다거나 하는 느낌을 갖는 식의 구체적인 감각을 소재로 해서 전개되는 논리입니다. 이런 구체적인 감각 소재를 상징적인 '항목' 으로 삼아 그것들을 논리적으로 결합시킴으로써 세계의 의미와 인간의 실존에 대해 통찰하고자 합니다. 그렇기 때문에 신화에는 어딘지 모르게 초현실주의 예술을 연상시키는 점이 있으며, 20세기에 '신화의 과학' 이 주로 프랑스에서 발달한 데에도 충분한 이유가 있다고 할 수 있습니다.

초현실주의는 철저하게 '감각의 논리' 에 충실하게 되면, 무의식의 영역에서 이루어지는 논리가 마치 자동기계처럼 진행된다는 점을 명백히 한 바 있습니다. 신화에서 종종 유사한 일이 일어납니다. 뇌 속의 논리에 가해지는 시간적, 공간적 제약이 최대한 제거되면, 신화 특유의 논리(이것을 이제부터 우리는 찾아내려는 겁니다만)가 자유롭게 작동하기 시작합니다. 그렇기 때문에 신화를 이야기하거나 듣거나 하고 있으면 엄청난 자유로 가득 차 있는 시공에 체재하고 있는 듯한 느낌을 갖게 됩니다. 신화는 이 자유로운 공간과 시간 속에서 인간과 우주의 의미에 대해 사고하고자 하는 것이므로, 신화를 철학의 선행자라고 해도 무방할 겁니다.

그러면 과학과 신화 사이에는 어떤 관계가 있는 걸까요? 신화를 낳은 사고, 즉 신화적 사고는 자신의 주위 세계에 대해서 항상 세밀한 관찰을 합니다. 동물이나 식물의 생태나 분류에 대해 축적된 방대한 지식이 그 배후에는 숨어 있습니다. 생활에 유용한 영역의 자연에 대해서 신화는 현대의 과학자들에게도 지지 않을 정도의 '과학적 정신'을 발휘합니다.

그러나 앞에서도 언급했듯이, 신화는 동식물의 분류나 도구의 사용에 의해 '특화' 된 영역 상호 간에 유동적인 통로를 여는 것으로 (그리고 상징적 사고라는 것이 발생하게 됩니다) 인간 안에 발생한 것입니다. 그렇기 때문에 현실성이나 유용성이라는 점에서 보면 도저히 감당할 수 없는 존재나 줄거리가 등장하게 됩니다. 자연계에는 존재하지 않을 듯한 이상한 생물이나, 실재한다 해도 분류하는 사고를 기능정지 상태에 빠뜨려버릴 듯한 괴물 같은 존재가 신화에는 적극적으로 등장합니다. 이런 점을 근거로 현대의 상식은 신화를 유치한 판타지와 동일시하려 합니다.

그러나 현대 물리학의 최첨단에서 이루어지고 있는 이론적 연구 몇 가지를 머나먼 옛날의 신화의 작자들이 상세하게 검토해볼 기회를 가졌다면, 그들은 초끈이론이나 초대칭이론 등을 자신들이 잘 알고 있는 신화의 일종으로 간주할 것이 분명합니다. 이런 이론들은 현재로서는 실험 수단이 없기 때문에 현실과의 정확한 대응관계를 갖고 있지 못합니다. 그런 이론에서는 이른바 과학으로 '특화' 된 영역에 속하지 않는 것에 대해 언급하고 있기 때문에, 그와 마찬가지로 분류적 사고에 속하지 않는 것과의 접촉에 의해 발생한 신화와 묘한 공통점을 갖게 되는 겁니다.

하이젠베르크나 파울리와 같은 위대한 물리학자들은 자신들이 하고 있는 과학적인 작업과 신화적 사고 사이에 밀접한 관련이 있다는 것을 확실히 의식하며 연구를 했습니다. 하이젠베르크에 의하면 양자론은 플라톤의 신화적 철학의 직계 자손에 해당합니다. 오늘날의 과학자들은 그다지 인정하지 않으려 하지만, 조만간 과학자도 과학적인 작업과 신화적 사고가 밀접한 관련을 맺고 있다는 것을 깨닫게 될 겁니다. 신화든 과학이든 둘 다 호모 사피엔스 사피엔스의 불변의 뇌가 낳은 것으로서 형제관계에 있다고 할 수 있습니다.

프레이저의 충격

여러분이 신화라고 하면 떠올리는 것은 『고사기』나 『일본서기』, 이집트나 그리스나 메소포타미아의 신화, 혹은 유럽의 오래된 켈트 신화 같은 것일지도 모릅니다. 성경 같은 것도 서두 부분은 틀림없는 신화입니다. 이것들은 전부 어느 시대에 문자로 기록된 신화입니다. 하지만 이런 신화는 인간이 만든 신화의 극히 일부에 불과합니다.

신화라는 것이 구전되기 시작한 지 2만 년 이상 지난 후에야 인간은 문자를 갖게 되었으므로, 무문자無文字 시대에 얼마나 많은 신화가 구전되었는가는 상상조차 할 수 없습니다. 그런 무문자 사회 상태는 상당히 오래 지속되었습니다. 인간이 문자를 갖게 된 것은 수천 년 전의 일에 불과합니다. 문자가 없던 시대에 인간은 어느 정도의 숫자에 이를지 상상도 할 수 없을 정도로 많은 신화를 창조했습니다.

예를 들면 아메리카 대륙의 선주민先住民들에게는 문자가 없었습니다. 문자로 기록하지 않은 채 신화는 구전되었습니다. 16세기 이후에 시작된 백인과의 접촉에 의해 신화는 문자로의 기록이 가능해졌지만, 동시에 백인과의 접촉은 곧 선주민의 고유 문화의 파괴를 의미하는 셈이므로, 신화에 대한 지식을 얻은 대신에 신화를 전승하던 사람들의 문화는 사라지게 됩니다. 이 모순과 고통으로 가득 찬 역사를 거쳐서 우리 곁에는 이제까지 알려지지 않았던 무문자 사회 사람들의 수많은 신화가 알려지게 되었습니다.

19세기 말에서 20세기에 걸친 시기에 이르러서야 인류학 Anthropology 또는 민족학Ethnology이라는 학문이 시작됩니다. 그때까지는 선교를 하러 간 신부들이나 장사를 위해 미개척지로 떠난 상인 가운데 특이한 사람들이 원주민한테 들은 신화를 보고서나 탐험기 속에 기록한 것이 대부분이어서 무작위로 채집이 이루어진 경우가 많았지만, 인류학자들은 체계적이고 조직적인 채집을 위해 노력했습니다. 신화를 단순한 이야기로서 기록할 뿐 아니라 그것이 구전되고 있는 사회의 다른 다양한 생활 습관이나 사고방식 같은 것도 함께 연구했던 겁니다. 그 결과 실로 방대한 수의 신화의 정확한 기록을 얻을 수 있게 되어, 마침내 현대 신화학의 기초가 완성되기에 이르렀습니다.

그 기초를 최초로 구축한 인물의 한 사람으로서 가장 먼저 거론해야 하는 사람은 제임스 프레이저일 겁니다. 프레이저는 미개척지에서의 조사 같은 것은 한 번도 해본 적이 없는 사람이지만, 그때까지 축적된 조사 자료를 토대로 전 13권으로 이루어진 『황금 가지』라는 엄청난 스케일의 저서를 완성했습니다. 그 밖에도 『불의 기원 신화』, 『홍수 신화』 등의 많은 흥미로운 책들을 썼는데, 그는 전 세계에 전승되어온 거대한 신화의 대륙을 대상으로 하여 그 안에 숨겨져 있는 사상을 끌어내려는 시도를 했던 겁니다.

『황금 가지』가 출판된 해를 전후해서 제임스 조이스의 『더블린 사람들』이 나왔으며 아인슈타인이 상대성이론을 발표했습니다. 요컨대 '현대 문화'를 대표하는 사상이나 표현이 앞다투어 출현하는 시기에 프레이저의 저작도 출판되어 동시대의 문화에 절대적인 영향을 미쳤다고 할 수 있습니다.

그런 영향을 일일이 거론하자면 끝이 없을 정도입니다. 현대 시의 선구자 역할을 한 엘리엇의 『황무지』, 소설에서는 조이스의 『율리시스』, 콘래드의 『암흑의 흑심』, 에이젠슈타인의 영화나 스트라빈스키의 음악 등. 또한 프레이저의 작업은 고전학을 일신하여 현대 신화학의 다양한 시도가 이루어지는 계기를 마련했다고 할 수 있습니다.

레비 스트로스의 『야생의 사고』

프레이저가 신화학을 시작할 당시에는 다윈의 진화론의 영향을 받은 사회진화론적인 사고가 막강한 영향력을 갖고 있었습니다. 그렇기 때문에 신화에는 유치하고 미개한 단계의 인류의 사고의 특징이 반영되어 있는 것으로 간주되는 경우가 많았던 겁니다. 그런데 이런 상황을 완전히 뒤집어엎는 인류학자가 그로부터 30년쯤 후에 나타납니다. 바로 클로드 레비 스트로스입니다. 그는 1950년대 초반부터 신화 연구에 매달려 우리 앞에 완전히 새로운 이해를 토대로 한 신화 세계의 진실을 밝혀냈습니다. '인류 최고最古의 철학으로서의 신화'라는 표현도 사실은 이 레비 스트로스에 의한 것으로, 신화는 '감각의 논리'를 구사해 우주 안에서의 인간 삶의 의미를 이야기하고자 하는 인류의 대담한 철학 행위의 시작을 의미하는 것으로서 그에 의해 훌륭하게 묘사되었습니다.

그의 신화학의 방법에 대해서는 이 책 속에서 실제의 문제를 다루면서 이야기해 가기로 하고, 여기서는 기획의 방대함과 그것을 실현시킨 경탄할 만한 노력에 대해서만 말해 두기로 하겠습니다. 1950년대에 신화 연구에 착수했을 때 레비 스트로스는 구조주의의 방법을 이용해서 마르크스 사상의 현대적인 발전을 신화 연구를 통해 이루려고 했던 것 같습니다. 사회의 상부구조와 하부구조의 관계에 대해서 마르크스는 『루이 보나파르트의 브뤼메르 18일』 등에 단편적인 기술 몇 개만을 남겼을 뿐으로 결정적인 이론을 남기지는 않았습니다. 그 문제에 대해 인류학 쪽에서 접근하려 한 레비 스트로스는 『아스디와르 무훈시 La geste d'Asdiwal』와 같은 작품에서 인디언들의 생산이나 교환과 같은 현실적인 행위와 그 배후에 있는 하부구조의 움직임이 신화라는 상부구조에 어떻게 표현되고, 또한 상부구조의 표현(이데올로기를 의미합니다만)이 어떻게 현실이 안고 있는 모순을 해결하고 있는지를 밝히려는 시도를 했습니다.

그리고 1960년대에 들어서서 『신화논리Mythologiques』라는 책을 쓰기 시작합니다. 이것은 전부 4권으로 이루어진 2000쪽을 넘는 방대한 저작으로, 남아메리카와 북아메리카에서 기록된 수천에 달하는 신화를 전부 상세하게 조사해서, 그 중에서 8백여 개 정도를 골라 치밀한 분석을 가하고 있습니다. 레비 스트로스는 신화를 구성하고 있는 복잡한 코드의 조합을 발견해 그것들의 상호관계를 밝혀냈습니다. 신화는 다른 신화로 계속 모습을 바꾸어 변형해 가는데, 그 변형은 라벨이 작곡한 「볼레로」와 같은 걸음걸이로 진행됩니다. 레비 스트로스는 스스로 이 「볼레로」의 걸음걸이를 뒤쫓으며, 몇 백 개에 달하는 신화가 하나의 거대한 우주를 이루고 있는 모습을 묘사해냈습니다.

그의 연구에 의해 현대 신화학에는 완전히 새로운 지평이 열리게 되었습니다. 우리는 과학성과 예술성을 조화시키는 방법을 모색해오고 있지만, 우리는 이 과학성과 예술성의 결합이 가장 멋지게 실현되어 있는 걸 레비 스트로스가 이룬 업적 중에서 발견하게 됩니다. 이제부터 여러분에게 이야기하고자 하는 신화에 대한 내 생각이 레비 스트로스의 이런 신화론으로부터 많은 영향을 받았다는 것은 새삼 말할 필요도 없을 겁니다.

신화는 함부로 말하거나 듣거나 해서는 안 된다

신화는 원래 구전되는 것이므로 이야기의 한 형태인 셈입니다. 그러나 우리가 보통 이야기라고 부르는 것과는 조금 다릅니다. 우리는 지금도 이야기를 즐기고 있습니다. 소설, 영화, TV 드라마, 연극, 때로는 정치의 흐름조차도 이야기를 모방하려고 하는 경우가 있습니다. 이런 식의 이야기는 원칙적으로 언제 어디서나 즐길 수 있다는 특징을 갖고 있습니다. 그러나 신화는 그런 자유로운 환경 속에서 이야기해서는 안 됩니다. 신화는 제한된 시간과 공간 속에서 엄숙한 분위기가 조성된 가운데 이야기되는 경우가 많습니다.

마음이 흐트러진 상태에서 신화를 들어서는 안 된다는 생각이 있었습니다. 그 이유가 뭘까요? 신화는 인간의 정신의 심오한 곳에서 작용하는 무의식의 논리 과정이 외부의 영향력으로부터 자유로워진 상태에서 자유로운 결합이나 반전 혹은 변형의 과정을 거쳐서 스스로를 전개시키고자 하는 것이므로, 그렇게 델리케이트delicate한 것을 함부로 세속적인 의식 속에 방치해서는 안 된다는 사고가 있었기 때문이라고 생각합니다. 신화는 말하자면 '이야기하지 않는 듯이 하면서 이야기해야 하는' 것으로서 비밀스런 분위기에 휩싸여 있었습니다.

이런 비밀스런 분위기가 신화를 일반적인 이야기와 구분합니다. 세상에서 '비밀이 있는 것'은 전부 그런 식으로 스스로를 보이면서 숨깁니다(숨기면서 보이는 게 아닙니다). 신화의 이야기를 통해 사람들 앞에는 원초적인 상태의 신화가 나타나게 되지만, 그것은 나타나면서 바로 숨어버립니다. 그렇게 해서 원초적인 상태의 사고는 스스로를 비밀 속에 숨깁니다. 신화는 오랜 세월 동안 그런 식으로 이방인에게는 숨겨져 왔는데 인류학의 조사가 시작되었을 무렵에 마침내 신화도 문자로 기록되고 출판도 되어 오늘날의 신화학이라는 것이 시작된 셈이므로, 우리는 문자화된 신화를 읽을 때마다 "아! 이것은 에드거 앨런 포의 『도둑맞은 편지』와 마찬가지로, 표면에 스스로를 있는 그대로 보여줌으로 해서 오히려 지금까지보다도 더욱 깊은 비밀 속으로 숨으려고 하는구나" 하는 식의 공포감을 느끼면서 읽어가야 한다고 생각합니다.

신화의 조심스러운 소망

신화에서 즐겨 다루는 것은 안과 밖이 완전히 하나로 이어져 있는 장소, 동물과 인간처럼 지금은 다른 존재가 되어버린 것들이 똑같은 생물이었을 때의 일, 지금 있는 장소가 엄청나게 멀리 떨어진 다른 세상에 연결되어버리는 기묘하고 특이한 점, 혹은 인간이 지금처럼 주위의 생물보다 우월한 존재가 아니라 동물들과 같은 말을 쓰고 대등한 관계에 있던 때의 일 등입니다.

예를 들어서 이누이트(캐나다와 알래스카 등 북극 일대에 거주하는 에스키모 원주민—옮긴이)들에게는 다음과 같은 이야기가 전해 내려오고 있습니다.

태초에 동물과 인간 사이에는 다른 점이 별로 없었다.
그때는 모든 생물이 지상에서 생활하고 있었다. 인간은 마음만 먹으면 언제든지 동물로 변신할 수 있었으며, 동물이 인간으로 변하는 것도 어려운 일은 아니었다. 별로 차이점이 없었던 것이다.
생물은 때로는 동물이었으며 때로는 인간이었다. 모두 같은 말을 사용했다. 그 당시 말은 마술이었으며 영혼은 신비한 힘을 갖고 있었다.
무심코 튀어나온 말로 인해 신기한 일이 일어나는 경우도 있었다.
말은 순식간에 생명을 얻어 원하는 것을 실현시켰다. 원하는 것을 말하는 것만으로 충분했던 것이다.
하지만 설명을 하게 되면 수포로 돌아간다. 옛날에는 만사가 그런 식이었다. (미셸 피크말Michel Piquemal 편, 『인디언의 말Paroles Indiennes』)

이런 신화에 의해 우리는 인간과 동물이 원래는 깊은 공생관계에 있었다는 것을 알 수 있습니다. 지금의 우리는 동물과 인간이 엄청나게 멀리 떨어져 있어 그 사이에 건너뛸 수 없는 큰 도랑이 있는 것처럼 생각하지만, 신화를 이야기하던 사람들은 그렇게 생각하지 않았던 것 같습니다. 게다가 인간과 동물과의 연속성을 강조하는 이런 신화를 통해 이 지구상에서 인간은 특권을 가진 생물이 아니라고 주장하고자 합니다. 인간은 불을 자유롭게 다룰 수가 있으며 말을 할 수 있고 기술을 사용할 수 있습니다. 그러나 신화가 생각하는 바에 의하면 우리 인간도 다른 모든 생물과 마찬가지로 이 지구상을 임시 거주지로 삼고 있을 뿐으로, 때가 되면 지구에서 소멸해버릴 수도 있는(신화는 미래에 대홍수가 발생해 인간이 또다시 멸망할 가능성도 부정하지 않습니다) 이 우주 속에서는 매우 연약한 존재에 불과합니다.

그렇기 때문에 인간은 다른 동물보다 절대적인 우월성을 가진 생물이 결코 아니며, 동물들의 생명을 함부로 빼앗는 것도, 동물들을 경멸하거나 애완동물 혹은 가축으로 만들어 함부로 '소아화小兒化'

하는 것도 용납받을 수 없습니다. 신화가 이야기하듯이 인간과 동물들이 원래는 형제였고 부자지간이었으며, 혹은 서로 결혼도 하는 잠재적인 인척관계이기도 했다는 걸 생각하면, 어떻게 이런 친구들이 광우병이나 구제역에 걸렸다고 해서 아무런 죄의식 없이 대량 학살을 할 수가 있을까요? 신화는 인간들에게 적합한 장소를 우주 속에서 제공하려 했던 철학입니다. 근현대의 철학에서는 이런 겸허함을 더 이상 찾아보기 힘들게 되었습니다.

시간과 공간이 서로 뒤섞여 있는 장소

모든 신화에는 각각 나름대로 지향하는 바가 있습니다. 그것은 공간과 시간 속으로 퍼져서(흩어져서라는 표현이 더 나을지도 모르겠습니다) 본래의 연관성을 잃어버린 듯이 보이는 것에 대해 상실된 연관성을 회복시키는 것이고, 상호관계의 균형이 심하게 깨진 것에 대해 대칭성을 회복시키고자 노력하는 것이며, 현실 세계에서는 양립이 불가능해진 것에 대해 공생의 가능성을 논리적으로 찾아내고자 하는 것입니다.

그런 점에서 신화는 의례나 신비주의에 근접하게 되는데, 신화는 이 세계의 현실 속에서 그런 원시 상태의 실현이 가능하다는 생각은 하지 않는다는 점에서 열광적이기를 요구하는 종교와는 커다란 차이가 있습니다. 신화는 모든 것의 구별이 사라지는 세계의 실현 같은 건 바라지도 않습니다. 다만 그것에 대해 사고하고, "이제는 더 이상 존재하지 않으며, 결코 존재하지 않았을 것이며, 앞으로도 아마도 영원히 존재하지 않으리라고 생각되지만, 그것에 대해 정확한 관념을 갖는 것은 우리의 현재 상태를 올바로 판단하기 위해 필요하다고 여겨지는 어떤 상태를 제대로 알 수 있기"(레비 스트로스가 즐겨 인용하는 장 자크 루소의 말)를 바라며, 신화의 꿈은 완성되어 왔을지 모릅니다.

신화는 종교의 열광과는 거리를 유지하고 있는 듯합니다. 우리의 입장에서 보면 신화는 비합리적인 논리를 매우 좋아하는 것처럼 보이지만, 그 내부로 깊숙이 들어가 보면 비합리의 경계선 바로 앞까지 접근하면서도 그 선을 넘어버리는 일은 없습니다. 사고의 힘이 철저하게 작용해서 신화를 이성(이성이라는 말을 확대해서 사용하기로 하겠습니다)의 영역에 묶어두고 있습니다. 이런 특징은 국가라는 형태가 갖추어지지 않았던 사회에 특히 두드러지게 나타납니다. 국가의 탄생은 인간의 삶에 일종의 해결 불능의 비합리 내지는 부조리를 초래하게 되었지만, 그것이 출현하기 이전, 즉 사람들이 아직 자신들이 만들고 있는 사회가 안고 있는 부조리를 사고의 힘에 의해 해결할 수 있다고 생각했던 시대에는, 인간은 신화를 통해서 부조리의 본질을 생각하고자 했던 것 같습니다.

이런 의미에서도 신화는 최초의 상태의 철학이라고 할 수 있지 않을까요? 신화는 철학과 마찬가지로 절대로 타산적이 되거나 여론을 의식하거나 하지 않고 인간에게 나아가야 할 올바른 길을 가르쳐주기 위해 노력해왔습니다. 신화에서는 철학과 윤리가 일체가 되어 있습니다. 나는 그것을 '야생의 에티카'라고 부르고 싶은 유혹에 사로잡힙니다.

고노하나사쿠야히메 신화

우선 신화의 서술방법에 대해 이야기하고자 합니다. 신화의 서술방법을 이해하게 되면, 신화가 재미없는 것이 아니라 현재의 우리에게도 충분히 재미있고 흥미로우며 심오한 내용과 형식을 갖춘 사고 형태라는 것을 이해할 수 있지 않을까 생각합니다.

    사람이 왜 불사不死의 능력을 잃게 되었는가에 대한 신화가 전세계에 많이 있습니다. 그 중에서도 매우 흥미로운 것을 몇 가지 다루어 보고자 합니다. 우선 다음의 일본 신화를 봐 주십시오.

    호노니니기노미코토는 가사사노미사키笠沙岬에서 아리따운 처녀를 만났다. 그곳에서 "너는 누구의 딸인고?" 하고 묻자, 답하기를 "오오야마쓰미노카미의 딸로 이름은 가미아타쓰히메, 또 다른 이름은 고노하나사쿠야히메라고 합니다"라고 말했다. 또다시 니니기노미코토가 "너에게는 형제는 있느냐?" 하고 묻자 답하기를 "언니 이와나가히메가 있습니다" 하고 말했다. 그러자 니니기노미코토가 "나는 너와 결혼하려고 생각한다. 어떠냐?" 하고 말하니, "저는 대답할 수가 없습니다. 아버지 오오야마쓰미노카미가 대답해드릴 겁니다"라고 말했다. 그래서 그녀의 아버지 오오야마쓰미노카미에게 심부름꾼을 보내자, 오오야마쓰미노카미는 매우 기뻐하며 많은 지참품을 대臺에 얹어 들려서 언니 이와나가히메를 그녀에게 딸려보냈다. 그런데 그 언니는 매우 못생겼기 때문에 니니기노미코토가 보더니 무서워해서 돌려보내고, 여동생 고노하나사쿠야히메만 머무르게 하여 하룻밤을 같이 지냈다.

그러자 오오야마쓰미노카미는 이와나가히메가 쫓겨온 걸 매우 수치스럽게 여겨 니니기노미코토에게 전갈을 보내, "제 딸을 둘 다 드린 이유는 이와나가히메를 거느리시면 하늘의 자손이신 당신의 생명은 눈이 내리고 바람이 불어도 항상 바위처럼 언제까지나 굳건히 움직이지 않으실 겁니다. 또한 고노하나사쿠야히메를 거느리시면 나무에 꽃이 피듯이 영화를 얻게 될 거라는 서약을 하고 드린 겁니다. 이렇게 이와나가히메를 돌려보내고 고노하나사쿠야히메 한 명만 그곳에 두었기 때문에 하늘의 자손이신 당신의 수명은 벚꽃처럼 짧을 겁니다(이름 이와나가히메에서 '이와'는 바위, '나가'는 길다는 뜻이다. 그리고 고노하나사쿠야히메에서 '고노하나'는 나무의 꽃, '사쿠'는 핀다는 뜻과 동시에 벚꽃을 의미하는 사쿠라를 연상시키기도 한다—옮긴이)"라고 말했다. 이런 이유 때문에 지금까지도 천황들의 수명은 길지 않은 것이다. (『고사기』 신대 神代 상권)

교섭의 실패

호노니니기노미코토라는 신이 등장하고 있습니다. 이 신은 이름을 봐도 알 수 있듯이 벼 이삭과 관계가 있는 신입니다(일본어로 '호'는 수穂, 즉 벼 이삭을 의미함—옮긴이). 고고학의 발굴에 의해 일본열도에 최초로 벼농사를 도입한 사람들은 기타큐슈北九州의 후쿠오카福岡나 사가佐賀에 상륙한 한반도에서 온 사람들이며, 이 사람들은 그 이전에 일본열도에 정착해서 수렵을 하고 밭농사를 짓고 조몬繩文 토기(조몬 토기란 새끼줄 무늬가 있는 토기를 말하며 주로 일본의 신석기 시대에 사용되었다―옮긴이)를 사용하며 생활하던 사람들과의 급속한 혼혈이 이루어지면서, 일본열도에 벼농사 문화와 철로 된 도구와 국가라는 새로운 사회 형태를 확대시켜 간 사람들이라는 것이 밝혀졌습니다. 니니기노미코토는 천황가의 선조(천손天孫)로 불리는 신이므로, 이 신화는 아마도 그 시대의 이민족 결혼을 소재로 하고 있는 것으로 보입니다. 좀더 상세하게 살펴보기로 합시다.

천손 니니기노미코토가 딸 중의 하나인 사쿠야히메와 결혼하고 싶다는 의사를 전하자 토착신(토착민의 지도자) 오오야마쓰미는 기꺼이 이 결혼을 승낙합니다. 새로운 문화로 무장한 사람들은 토착민들보다 우월한 것을 갖고 있는 건 분명하지만, 양자의 관계는 결코 정복자와 피정복자 사이의 일방적인 관계가 아니었습니다. 오히려 양자는 거의 대등한 관계에 있었다고 할 수 있으며, 서로 교섭이나 교환이나 담판에 의해 모든 걸 추진시켜 갔던 것 같습니다. 결혼에 의한 '여성의 교환'도 그런 협상의 일환으로서 중요한 역할을 했으며, 일본열도에서의 혼혈은 이런 식으로 해서 급속히 진행된 것으로 보입니다.

당시의 규슈의 조몬 사회에서는 유력자의 결혼은 자매가 있으면 함께 혼인시키는 것이 일반적이었던 것 같습니다. 그래서 오오야마쓰미도 관습에 따라 여동생 사쿠야히메와 결혼한다면 당연히 그래야 한다고 생각해서 언니 이와나가히메도 함께 준 겁니다. 결혼은 일종의 증여였기 때문에 선심성 선물의 의미로 언니를 딸려보낸 셈입니다.

그런데 여동생 사쿠야히메는 절세의 미녀였지만 언니 이와나가히메는 용모가 매우 추했기 때문에, 니니기노미코토는 여동생만 을 취하고 언니를 돌려보내고 맙니다. 모욕을 당한 아버지는 니니기 에게 저주의 말을 퍼붓습니다. "당신은 얼마나 어리석은 짓을 했는 가? 여동생은 아름다운 꽃을 피게 하는 식물처럼 태어나서 아름답게 꽃을 피웠다가 우수수 떨어져버리는 유한한 생명을 줄 것이다. 그러 나 그것만으로는 부족하다고 생각했기 때문에 나는 암석처럼 절대 로 썩지 않는 영원한 생명을 당신에게 부여하고자 언니 이와나가히 메도 주려고 했는데 당신은 그걸 거부했다. 좋다, 앞으로 당신의 자 손에게는 죽음이라는 것이 찾아와 무한한 생명을 즐길 수 없게 될 것 이다."

여기서는 식물(고노하나사쿠야히메)과 암석(이와나가히메)의 대립에 의해서 죽음의 기원에 대해 이야기하고 있습니다. 아름다운 외모에 끌리는 것은 인지상정입니다. 인간은 에로스에 끌리는 법입 니다. 하지만 에로스는 덧없는 것이어서 아름답게 피었는가 하면 어 느새 타나토스(죽음)의 손에 넘겨져 먹혀버립니다. 그렇다면 처음부 터 타나토스와 손을 잡으면 된다는 생각을 할 수도 있겠지만, 타나토 스는 매우 무서운 카오스의 영역으로부터 오는 것이기 때문에, 인간 에게는 타나토스와 결혼해서 일체가 되는 것은 거의 불가능합니다. 우리는 누구나 니니기노미코토처럼 이와나가히메를 멀리하고 싶어 하는 법. 하지만 그로 인해서 인간은 유한한 생명을 부여받을 수밖에 없었던 거라고 이 신화는 이야기하고 있습니다.

어떤가요? 신화에 작용하는 사고법이 무척 복잡하다는 것을 이 해했을 겁니다. 동일한 논리를 헤겔은 변증법으로(『정신현상학』), 프 로이트는 에로스와 타나토스의 투쟁에서의 타나토스의 최종적인 승리에 대한 이야기(『쾌락원칙을 넘어서』)로 설명했습니다. 그것과 이 일본 신화를 나란히 놓고 보면, 헤겔 철학과 프로이트의 정신분석학은 둘 다 근대에 만들어진 신화의 한 형태라는 걸 알 수가 있습니다. 그런 평가가 헤겔이나 프로이트를 폄하하는 것은 아닙니다. 오히려 그들의 사고가 인류의 심연에 뿌리를 내리고 있다는 점에 대해 경탄을 느끼게 됩니다.

신화가 '감각의 논리'를 사용한다는 것도 이 신화에는 분명히 나와 있습니다. 식물과 바위 사이의 감각적인 대립이 짧은 생명(죽음의 위협을 받는 생명)과 영원한 생명(변화를 겪지 않아도 되는 삶)과의 대립과 대응관계에 놓임으로 해서, 신화의 골격이 이루어져 있기 때문입니다. 감각적인 사실과 추상적인 개념이 분리되지 않고 하나가 되어 세계에 대한 심오한 이해를 표현하고 있습니다.

이런 성격을 가진 신화를 '예술'로 생각할 수도 있습니다. 왜냐하면 근대 사회에서는 예술만이 감각적이면서 동시에 개념의 표현이기도 하다는 신화의 특징을 유지하고자 노력해왔기 때문입니다. 그렇기 때문에 신화의 이해에는 과학적 혹은 철학적 감각만이 아니라 예술적인 감각도 매우 중요합니다.

바나나와 돌

그래서 이제부터는 다음과 같은 인도네시아(포소족族)의 신화를 보고자 합니다.

태초에 인간은 신이 새끼줄에 묶어 하늘에서 내려준 바나나 열매를 먹으며 영원히 목숨을 부지하고 있었는데, 어느 날 바나나 대신에 돌이 내려오자 먹을 수 없는 돌 같은 건 필요 없다며 신에게 화를 냈다. 그러자 신은 돌을 끌어올려 버리고 다시 바나나를 내려보냈지만, 그다음에 "돌을 받아두었다면 인간의 수명은 돌처럼 단단하고 오래 지속되었을 텐데, 돌을 거부하고 바나나 열매만을 원했기 때문에 인간의 목숨은 앞으로 바나나 열매처럼 짧으며 썩고 말 것이다"라고 했다. 그 이후로 인간의 수명이 짧아지고 죽음이라는 것이 생기게 되었다. (마쓰무라 다케오松村武雄, 『일본 신화의 연구』 제3권, 바이후칸培風館)

표현 방식은 매우 소박하지만 이것 역시 훌륭한 신화입니다. 인간이 충분히 저지를 만한 짓이 아닌가요? 처음에는 하늘에서 내려오는 바나나를 먹고 있으면 됐다, 그걸로 만족하고 신의 말을 믿었다면 인간이 죽거나 하는 일은 없었을 것입니다. 그런데 하늘에 있는 신이 약삭빠르게 돌을 내려보냈습니다. 그때 인간은 처음으로 하늘을 향해 욕설을 퍼부어 버렸습니다. 신은 이렇게 말합니다. "그 태도가 뭡니까? 그렇다면 좋습니다. 이제부터는 바나나만 주죠. 단 당신들은 돌처럼 단단한 생명력을 잃게 될 겁니다"라고 말했다. 그래서 인간은 바나나처럼 썩어버리는 유한한 생명을 가질 수밖에 없게 되었다고 이 신화는 이야기하고 있습니다.

이것은 술라웨시 섬의 술라웨시 텡가(중부 술라웨시)에 전승되어 온 신화입니다. 이 신화가 고노하나사쿠야히메와 이와나가히메의 신화와 놀라울 정도로 유사한 점이 많다는 것은 예전부터 잘 알려져 있었습니다. 여기서는 식물과 돌의 대립이 단순하고 소박하게 표현되어 있습니다. 바나나 열매는 말랑말랑하고 맛있지만 내버려두면 썩어버립니다. 돌은 딱딱해서 먹을 수 없지만 썩거나 하지는 않습니다. 딱딱하고 썩지 않는 돌을 인간이 받았다면 인간에게 죽음 같은 건 찾아오지 않았을 텐데 말랑말랑하고 썩기 쉬운 바나나를 선택했기 때문에 수명이라는 것이 부여된 겁니다. 『기기』의 신화는 이것보다는 좀더 세련된 표현 방식을 취하고 있지만 신화의 논리 구조는 완전히 똑같습니다. 사쿠야히메의 본체는 아무래도 바나나 같은 식물이었는지도 모르겠습니다. 여기서는 돌/식물, 딱딱한 것/말랑말랑한 것, 썩지 않는 것/썩는 것, 이런 식의 감각적 대립이 사용되어 있는 걸 알 수 있습니다.

썩는 것과 썩지 않는 것

베네수엘라의 시파야족의 신화를 보기로 하겠습니다. 친절한 신이 있어 죽지 않는 방법을 인간에게 가르쳐 주었습니다.

> 창조신은 인간을 죽지 않게 하려고 생각했다. 그래서 인간에게 물가에 살며 앞을 지나가는 카누 중에서 처음 두 척은 그냥 보내고 세 번째 카누를 세워서 거기에 타고 있는 정령에게 절을 하고 포옹하라고 가르쳤다. 첫 번째 카누는 썩은 고기를 가득 채운 바구니를 싣고 있어 심한 악취를 풍기고 있었다. 인간들은 그 카누에 몰려들었지만 너무 지독한 악취 때문에 물러섰다. 그들은 이 카누에는 '죽

음' 이 실려 있을 거라고 생각했다. '죽음' 을 싣고 있던 것은 두 번째 카누로 그것은 사람의 형태를 하고 있었다. 그렇기 때문에 인간들은 사람의 형태를 한 '죽음' 을 따뜻하게 맞이하여 포옹했다.

창조신이 세 번째 카누를 타고 왔을 때 그는 인간들이 '죽음' 을 받아들이고 말았다는 것을 알았다. 뱀과 나무들과 돌은 불사의 정령이 도착하기를 얌전히 기다리고 있었다. 그래서 인간은 죽지만 이 것들의 생명은 낡은 껍질을 벗어버리고 소생하게 된 것이다.

(Claude Lévi-Strauss, *Le Cru et le Cuit*, Paris, Plon)

금지당했음에도 불구하고 첫 번째 카누를 향해 달려듭니다. 이것이 인간의 어쩔 수 없는 점입니다. 하지 말라는 말을 들으면 오히려 하고 싶어지지요. 그러자 지독한 악취가 나는 썩은 고기가 실려 있었습니다. 그것이 '죽음' 일 거라고 판단하고 그냥 보냈습니다. 두 번째 카누가 왔습니다. 그 카누에는 평범한 인간이 타고 있었습니다. 인간이라면 제대로 맞이해야 한다고 생각했습니다. 그런데 '인간' 이라는 것은 사실은 죽어야 하는 생물로서의 인간이었던 겁니다. 첫 번째 카누에 실려 있던 썩은 고기 속에는 죽음 같은 것은 없었습니다. 그것을 인간은 착각하고 만 거죠.

인간은 금기사항을 어길 수도 있는 자유로운 존재입니다. 다른 동물들은 유전자에 환경 세계에 대한 대응방법까지 확실하게 입력되어 있기 때문에 그 점에서는 자유가 별로 없습니다. 그렇기 때문에 신의 말을 순순히 듣는 겁니다. 그런데 인간은 그런 자유로 인해 치명적인 실수를 범했습니다. 지시대로 세 번째 카누를 맞이했다면 좋았을 것을 잘못해서 두 번째 카누로부터 죽음을 받아들이고 말았습니다. 그러나 인간 이외의 동물은 첫 번째와 두 번째 카누를 신의 지시대로 그냥 보낼 수가 있어 그 덕분에 재생을 반복하는 삶을 부여받았습니다.

현대의 인류는 이 때의 실수를 만회하기 위해 의학을 발달시켜 수명을 연장시키려 하고 있는 겁니다. 게다가 그것이 '죽음' 도 극복할 수 있는 인간의 자유를 표현하는 것으로 생각하고 있지만, 글쎄요 과연 그럴까요? '죽음' 을 부여받은 것과 인간의 자유는 같은 것이라고 이 신화에서는 이야기하고 있습니다. 의미도 없이 오래 살게 한다는 것은 오히려 인간으로부터 자유를 빼앗는 것이 되지 않을까요? 그보다는 언젠가는 마치게 될 짧은 인생을 의미 있는 인생이 되도록 노력하는 것이 더욱 중요하지 않을까요? 신화도 후세의 많은 철학자들도 그 점에서는 같은 말을 하고 있습니다.

『기기』신화와 이 신화의 관계에 대해 살펴보기로 하겠습니다. 일본과 인도네시아의 신화에서는 식물/돌, 말랑말랑해서 썩는 것/딱딱해서 썩지 않는 것 등의 대립을 이용해서 '죽음' 의 기원에 대해 이야기하고 있지만, 여기서는 같은 것(신화의 메시지)을 표현하기 위해서 죽음을 피할 수 없는 인간/불사의 정령의 대립이 이용되었으며, 부패하는 것은 인간을 유혹하는 '미끼' 의 역할을 할 뿐입니다. 다음에 소개하게 될 테네테하라족의 신화에서는 부패와 죽음을 연결시키는 사고를 전제로 해서, 그 점에 대해 시니컬한 관점에서 변형을 가하고 있습니다. 신화가 소박한 사고의 산물이라는 생각은 하지 않는 편이 좋을 듯합니다.

딱딱하다/말랑말랑하다

테네테하라족의 신화를 소개하겠습니다. 이것 또한 매력적이고 멋진 신화입니다. 신화에 자주 사용되는 기본 소재가 등장합니다. 어쩐 일인지(아니, 이유는 분명히 있습니다) 신화는 기본 소재를 매우 좋아합니다.

> 창조신에 의해 만들어진 최초의 남자는 동정童貞이었는데 항상 페니스가 발기되어 있었다. 그는 페니스에 마니오크(전분질이 있는 나무의 뿌리—옮긴이)의 즙을 뿌려 말랑말랑하게 만들려고 했지만 소용없었다. 최초의 여자는 물의 정령한테 배워서 남자에게 성교에 의해 페니스를 말랑말랑하게 만드는 방법을 가르쳤다.(같은 책)

물의 정령은 사악한 의도를 가진 녀석이었습니다. 최초의 여자는 난처해하고 있는 남자를 구하기 위해 대담한 행위를 한 셈인데, 그걸 본 창조신은 화를 냈습니다.

창조신은 축 늘어진 페니스를 보고 화를 냈습니다. "앞으로 너의 페니스는 말랑말랑해질 수 있다. 그렇게 해서 아이도 만들 수 있다. 그리고 죽게 될 것이다. 그 아이가 성장하면 또다시 아이를 만들 것이다. 그리고 그 대신에 부모는 죽을 것이다" (같은 책)

여기서도 앞에서부터 계속 일관되게 등장해왔던 말랑말랑함/딱딱함의 대립관계를 이용해서 인간의 죽음의 기원에 대해 이야기하고 있습니다. 다만 이 신화에서는 인간에게 '죽음'이 부여된 것을 연속이 비연속으로 전환되는 것으로 생각해, 이것을 딱딱한 페니스가 말랑말랑한 페니스로 교체되는 것으로 표현하고 있습니다. 뿐만 아니라 말랑말랑한 페니스의 출현을 가능하게 하는 여성과의 성교로 인해서 아이가 태어납니다. 이렇게 해서 다음 세대가 태어나고 이전 세대는 죽어가는 식의 또 다른 차원의 교체도 일어나게 되는 셈이므로, 이중적인 의미에서의 비연속이 발생합니다. 이 신화는 매우 노골적이고 원초적인 관심사를 이야기하고 있는 듯하면서 매우 복잡한 현실을 종합적으로 이해하고자 한다는 것을 알 수 있습니다.

근친상간이라는 커다란 주제

이제까지의 이야기에 덧붙여서 마지막으로 신화를 하나만 더 소개하겠습니다. 이것도 테네테하라족의 신화인데 구성이 좀더 복잡합니다.

> 젊은 인디언 여자가 숲에서 뱀을 만났다. 뱀은 그 여자의 연인이 되어 그녀는 뱀의 아이를 낳았다. 그 아이는 태어났을 때 이미 청년이었다. 청년은 매일 숲으로 가서 어머니를 위해 화살을 만들었다. 그리고 매일 밤 돌아오면 어머니의 자궁으로 기어들었다. 여자의 오빠가 이 비밀을 알게 되어, 여동생에게 아들이 나가면 곧바로 몸을 숨기라고 일렀다. 어머니의 자궁으로 돌아가려고 청년은 밤에 집

으로 돌아왔지만 어머니는 모습을 감추고 없었다.

뱀의 아들은 할아버지 뱀에게 어떻게 하면 좋을지 물었다. 그러자 할아버지 뱀은 화살을 만들었다. 그리고 그걸로 아버지를 쏴서 잡으라고 했다. 하지만 아들은 그런 짓을 하고 싶지 않았기 때문에 밤의 어슴푸레한 빛 속에서 변신을 해서 활과 화살을 갖고 하늘로 올라갔다. 하늘에 도착하자 무기를 산산조각을 냈는데 그것들이 별이 되었다. 모두는 잠들어 있었다.

거미 한 마리만이 그 과정을 지켜보고 있었다. 그렇기 때문에 거미는 나이를 먹어도 죽지 않게 되었다. 옛날에는 인간과 동물은 나이를 먹어 오래되면 서로의 피부를 교환했지만 이 날 이후부터 지금에 이르기까지 나이를 먹으면 죽음을 피할 수 없게 된 것이다.(같은 책)

숲 속의 뱀에게 유혹을 당한 여성이 아이를 낳습니다. 이 아이는 밤이 되면 어머니의 자궁으로 들어가 버리지요. 뱀과의 '혼혈' 인 이 아이는 어머니와 지나칠 정도로 밀접한 관계를 유지하려고 하는 '근친상간의 아이' 입니다. 그런데 인간의 지혜가 개입됨으로 해서 이 관계가 갑자기 끊어지게 된 아이는 숲에 있는 할아버지에게 상의를 합니다. 할아버지는 아버지를 죽이라고 합니다. 이 에피소드를 프로이트라면 이렇게 해석할 겁니다. 어머니가 자기 앞에서 사라져버리는 체험을 아이는 자주 하게 된다. 특히 밤이 되면 어느새 어머니는 자기 옆에서 사라져서 아버지와 함께 자고 있다. 어머니와의 근친상간에 해당하는 관계를 방해하는 것은 사실은 아버지이며, 아버지가 그동안 어머니의 몸을 독점하고 있는 것이다. 따라서 이 굴욕적인 사태를 해결하기 위해 아버지를 없애고자 하는 욕망이 아이의 내면에서 꿈틀거린다. 할아버지는 그런 아이의 무의식의 욕망을 일깨워주고 있는 거라는 식으로.

이런 해석이 옳은지 어떤지는 실제의 민족사적인 사실을 확인해보지 않고는 단언할 수 없지만, 다만 한 가지 확실하게 말할 수 있는 것은 이 아이가 할아버지의 제의를 거절하고 자신의 욕망을 단념했다는 점입니다. '사랑이라는 욕망의 단념'이라는 바그너 식의 주제의 남미판南美版인 셈이지요. 이 신화의 배경에는 근친상간과 죽음을 결합시키는 사고법이 잠재하고 있는 듯합니다. 뱀과의 '혼혈'인 이 아이는 자신의 의지로 그런 결합을 부정한 셈이므로, 영원히 변하지 않는 하늘의 별자리에 자신의 행위에 대한 기념비를 남길 수가 있었으며, 그 광경을 자지 않고 지켜본 거미만이 죽음을 피할 수 있게 되었다는 생각에도 참으로 일관성이 있습니다.

신화를 왜 '최초의 철학'이라고 하는 건지 그 의미를 조금은 이해했을 거라고 생각합니다. 신화에는 복잡한 논리가 작동하고 있으며, 그것에 의해서 인간 실존의 심오한 의미가 제시되어 있습니다. 이런 성격을 가진 신화를 어떻게 유치하다고 할 수 있겠습니까?

Nakazawa Shinichi
Kodansha : Cahier Sauvage Series No.1

I
전세계에 분포되어 있는 신화의 수수께끼

Nakazawa Shinichi
Kodansha : Cahier Sauvage Series No.1

유라시아 대륙의 양끝에서

세계적인 분포를 보이는 신화가 많이 있습니다. 지리적으로 멀리 떨어져 있으며 사회 구조도 언어도 전혀 다른 사회에서 놀라울 정도로 유사한 신화나 전승이 전해 내려오고 있습니다. 예를 들어서 8, 9세기의 고대 중국이나 일본의 서적에 기록되어 있는 전승이 머나먼 유럽의 전승 속에 남아 있거나 하는 식입니다. 특히 프랑스의 브르타뉴 지방이나 영국의 웨일스 지방 등에 아시아의 전승과 거의 같은 전승이 남아 있습니다.

브르타뉴 지방과 웨일스 지방에는 켈트 문명의 전승이 지금도 선명하게 남아 있습니다. 켈트 문명은 유럽에 전개되었던 신석기 문화를 토대로 해서, 청동기·철기 시대에 걸쳐 유럽의 광범위한 지역으로 발달해갔습니다. 로마제국이 이 지역에 진출하게 되자 정복과 혼혈과 문화의 혼합이 진행되어 가는 가운데, 순수한 부분을 지킨 켈트 사람들은 차츰차츰 유럽의 변방으로 쫓겨가다가, 마침내 아일랜드와 웨일스 지방, 그리고 프랑스의 브르타뉴 지방 등지에만 남게 되고 말았습니다.

유라시아의 동쪽 끝과 서쪽 끝에 동일한 신화 전승이 전해 내려오고 있습니다. 각각의 지역에서 독립적으로 발생한 신화가 똑같은 형태를 만들어냈다고 생각할 수도 있겠지만, 그러기에는 유사점이 너무나도 많습니다. 이 현상을 전파傳播에 의한 것이라고 설명해버리고 싶은 유혹을 느끼기도 하지만, 동일한 신화나 전승이 아메리카 대륙의 선주민들에게도 전해 내려오고 있다는 걸 생각하면 그것도 별로 근거가 없는 가설이라는 걸 알게 됩니다. 그보다는 신화의 사고가 체계화되기 시작한 것으로 추측되는 중석기 시대(후기 구석기 시대에서 신석기 시대로의 과도기)에, 유라시아 대륙에서 광범위하게 흩어져서 생활하던 사람들이 공유했던 사고방식의 단편이나 파편이, 오랜 세월 동안 여러 지역에서 변화와 발전의 과정을 거치면서도 공통의 핵에 해당되는 것만은 불변인 채로 유지되어 왔다고 생각하는 편이 훨씬 신빙성이 있지 않을까요? 아메리카 인디언들은 바로 그 시기에 베링 해협을 건너 아메리카 대륙으로 이동해갔으므로 거기에도 매우 유사한 사고가 보존되어 왔을 가능성은 충분히 있습니다.

미나카타 구마구스南方熊楠와 '연석燕石'

그 문제를 우선 '연석'이라고 불리는 작은 조개껍질에 관한 전승을 통해서 생각해 보고자 합니다. 이 전승은 일종의 신화적 사고의 파편에 불과한 매우 소박한 형태의 전승에 지나지 않지만 중요한 사실을 내포하고 있습니다. 여기서 연석이라는 특이한 제재를 취급하려고 하는 이유는 일본이 낳은 특이한 학자 미나카타 구마구스가 이걸 연구했다는 점에 있습니다.

    그는 와카야마현和歌山縣 다나베시田邊市에서 태어났으며 학문과 그리고 산과 들을 떠돌아다니는 걸 매우 좋아하는 소년이었습니다. 기억력이 뛰어나 어릴 적부터 읽은 책은 통째로 암기해버릴 정도의 두뇌의 소유자였지만, 학교에서 배우는 지식의 무의미함에 완전히 절망한 그는 일본의 대학에는 가지 않고 미국으로 가버린 사람입니다. 서커스단과 함께 쿠바로 건너가기도 하고, 쑨원孫文과 우정을 맺기도 하고 기상천외한 행동으로 주위를 놀라게 하기도 했지만, 그가 무척 좋아했던 식물 연구, 특히 점균식물粘菌植物에 대한 연구는 한시도 게을리 한 적이 없었습니다. 그 후에 영국으로 가서 거의 독학으로 방대한 공부를 했습니다. 그리고 민속학, 인류학, 고고학, 식물학, 동물학을 전부 종합한 듯한 학문인 박물학의 엄청난 대가가 되어, 한때는 런던의 대영박물관의 직원이 되기도 했을 정도입니다.

미나카타 구마구스가 젊었을 때 쓴 유명한 논문이 바로 연석에 대한 논문입니다. 구마구스는 영국에 체류할 당시, 잡지『네이처 Nature』에 뛰어난 논문을 발표해 화제를 불러일으켰습니다. 그러나 그것도 잠시로 박물관에서 영국인을 때려눕힌 게 화근이 되어 입장이 난처해졌기 때문인지 일본으로 돌아왔습니다. 그러나 일본의 학문 세계는 외국에서 학위 하나 제대로 따오지 않은 구마구스에게는 냉담해 좀처럼 인정을 못 받았기 때문에, 와카야마현에서 완전히 혼자 힘으로 연구를 계속했습니다.

이제부터 잠시 구마구스가 연구한 '연석'과 '신데렐라 이야기'의 검토를 통해서, 신화 연구의 새로운 방향성 모색에 대한 시도를 해보고자 합니다. '연석'과 '신데렐라 이야기', 이 두 연구를 통해 미나카타 구마구스는 매우 미래적인 가치가 있는 하나의 구상을 이야기하고자 합니다. 즉 극동에서 발견되는 민간전승이 유럽의 켈트 문명의 전승에도 나타난다는 것이 어떤 의미를 갖는지에 대해 그는 시대에 앞서서 깊이 생각했던 것입니다.

구마구스는 야나기다 구니오柳田國男와 같은 민속학자의 견해

와는 달리, 전세계에 분포되어 있는 신화 전승이 매우 오랜 내력을 갖고 있다고 생각했습니다. 유라시아 대륙의 양끝에서 나타나는 신화적 사고 사이에 묘한 구조적 일치가 발견됩니다. 그 이유에 대해 그는 유라시아 대륙에서 사람들이 흩어져서 생활하기 이전, 즉 중석기에 해당할 것으로 추측되는 시대에, 이러한 전승들의 원형을 공유하고 있었는데 그 후에 서로가 멀리 떨어진 장소에서 생활하게 되었어도 그 기본 구조만은 보존했기 때문이라고 생각했던 것 같습니다. 구마구스 자신이 그런 표현을 직접적으로 하고 있는 건 아니지만, 그의 착상을 보면 그가 그렇게 생각했다고 단정할 수 있습니다.

미나카타 구마구스는 인간의 사고 능력이 아주 오래 전에 이미 거의 완성 단계에 이르렀으며, 인간은 그 이후로 그다지 변화하지 않았다고 믿었습니다. 그렇기 때문에 근대인이 고대와는 무관해 보이는 사회제도나 문명의 산물에 둘러싸여 생활하고 있어도, '야만' 이나 '야생' 이라는 자신의 본성을 그리 쉽사리 버릴 수 있는 것이 아니므로, 지금도 여전히 인간의 본성은 잔혹하고 야만적인 요소를 내면에 감추고 있다고 생각했던 겁니다. 이런 착상은 옳다고 나는 생각합니다. 우리는 본래 잔혹하고 야생적인 생물이라고 할 수 있습니다.

두 장의 지도

연석에 대한 이야기를 시작하기 전에 여기에 있는 두 장의 지도를 봐주십시오. 오른쪽 위의 지도는 우리 현생 인류 이전에 지구상에 살았

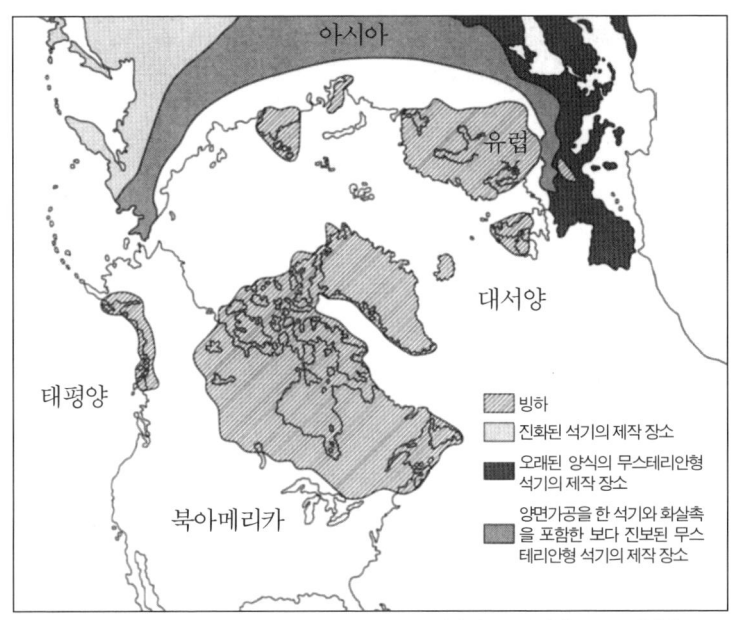

구석기 제작 장소 / 기원전 38,000~기원전 33,000

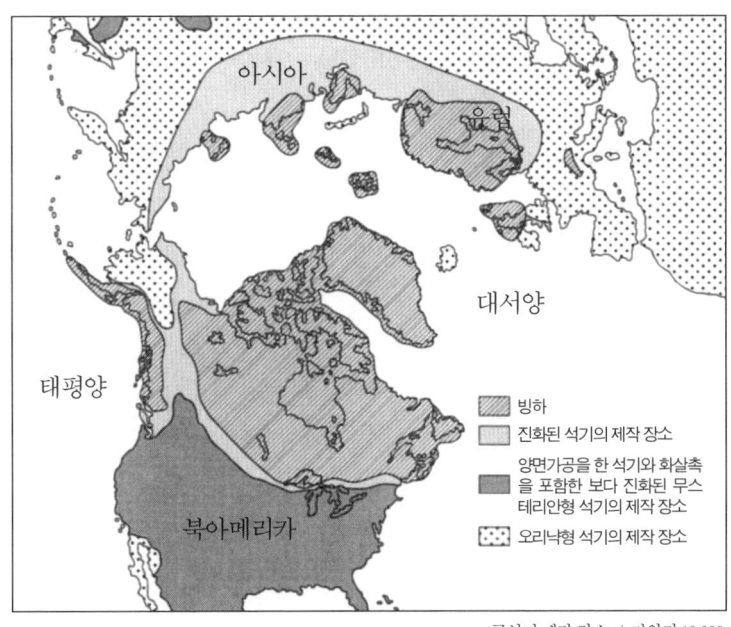

구석기 제작 장소 / 기원전 10,000

전세계에 분포되어 있는 신화의 수수께끼

던 네안데르탈인들이 만들어 사용했던 무스테리안기Mousterian期의 석기의 분포도입니다. 사선 부분이 빙하를 나타냅니다. 북아메리카 대륙의 북쪽 절반은 두꺼운 빙하로 뒤덮여 있지만, 지금의 알래스카에서 캐나다를 관통해서 가다 보면 빙하가 없는 커다란 회랑回廊처럼 생긴 부분이 있는 걸 볼 수 있을 겁니다. 네안데르탈인이 여기를 거쳐서 아메리카 대륙으로 들어갔는지 여부에 대해서는 지금으로서는 아직 불분명합니다. 이것은 대략 기원전 3만 8천 년~기원전 3만 3천 년경의 일입니다. 아메리카 대륙에서는 무스테리안기의 석기가 많이 발견되었는데, 이런 형태의 석기는 유라시아 대륙의 서쪽 끝에 있는 지금의 유럽 부근이 발상지라는 설도 있는 걸 보면, 수만 년 전에 이미 인류의 활동과 이동이 광범위하게 이루어졌다는 것을 알 수 있습니다. 그리고 광범위한 지역으로 똑같은 문화가 확산되었던 것 같습니다(지도는 Joseph Campbell, *The Way of Animal Powers*, Harper&Row 참조).

앞 쪽에 있는 지도를 봐 주십시오. 이것은 현생 인류인 크로마뇽인들이 후기 구석기 시대부터 중석기 시대에 걸쳐서 남긴 오리냐기Aurignac期의 석기의 분포를 나타낸 것입니다. 구석기 시대도 이미 말기 단계에 들어선 기원전 1만 년경에 해당됩니다. 이 시기에는 신석기가 만들어지기도 했습니다. 이 시대에는 얼어붙은 베링 해협을 인간이 걸어서 건널 수가 있었습니다. 아메리카 대륙에서 예전에 네안데르탈인들이 지나갔을지도 모르는 회랑 부분은, 이 시대 이전에는 오랫동안 두꺼운 빙하로 뒤덮여 있었기 때문에 중앙 평원으로 들어갈 수가 없었습니다. 그러다가 이 시대에 기후가 따뜻해져서 또다시 회랑이 열리게 되었습니다.

　　북동아시아로부터 많은 그룹의 인간들이 맘모스를 뒤쫓아서 추코트 반도를 거쳐 베링 해협을 건너서 아메리카 대륙으로 들어갈 수 있게 되었습니다. 그들은 놀라울 정도의 속도로 남아메리카의 최남단까지 도달합니다. 사람들은 아마존 유역으로도 비집고 들어가 생활을 시작해 북아메리카의 평원 지역에 풍부한 문화를 이룩했으며, 북극지대에도 독특한 에스키모 문화를 형성해갔습니다. 후에 인디언이라고 불리게 되는 이 사람들은 명백한 아시아인입니다. 게다가 일본인과 같은 몽골족에 속하는 사람들입니다. 그 후에도 아메리카 대륙의 사람들과 아시아인과의 교류는 활발하게 계속된 것 같습니다. 놀라운 것은 일본열도에 같은 시대에 전개된 '조몬 문화'가 알류샨열도를 넘어 아메리카 선주민의 세계에도 많은 영향을 미친 것 같다는 점입니다. 신화 세계의 광대한 확산을 뒷받침하고 있는 요인 중의 하나는 인간의 이동이라고 할 수 있습니다.

신화의 고리

오늘날에는 유전자를 전달하는 DNA의 분석이 발달하여, 이것을 이용한 분자진화유전학이라는 학문이 발달하고 있습니다. 이것과 이제까지의 형질인류학의 연구(두골의 형태나 치아의 형태 등에 의해 계통을 분석하는 방법)를 결합시킴으로 해서 인간 이동의 역사에 대해 많은 사실을 알 수 있게 되었습니다.

우선 아시아에 대해서는 지금의 인도네시아에서 베트남에 걸친 지역에 거대한 순다랜드라는 대륙이 존재했다는 사실이 알려져 있습니다. 몽골족의 중심지 중의 하나는 이 순다랜드에 있었던 듯하며, 여기서 발달한 남방 몽골족은 나중에 폴리네시아까지 진출해갔습니다. 바이칼호의 동쪽에서 아무르 강 유역에 걸친 지역에는 북방 몽골족이 살고 있었습니다. 그들은 추운 지역에 적합한 몸집이나 문화를 가져, 북동시베리아에서 베링 해협을 건너서 아메리카 대륙으로 건너간 사람들입니다. 일본열도에는 북과 남에서 두 종류의 몽골족이 건너와서, 여기서 혼혈이 이루어져 조몬인繩文人의 선조가 되었습니다. 그렇기 때문에 일본열도에서 발달한 형질形質이나 문화에는 북방아시아 사람들이나 아메리카 대륙의 선주민과 공통적인 요소도 있으며, 폴리네시아의 남방적 요소도 있다고 하는 매우 흥미로운 특징이 나타나는 것입니다. 『고사기』와 『일본서기』라는 신화집에 폴리네시아 신화와 공통적인 요소가 발견되거나, 변형을 시키면 남아메리카 인디언의 신화와의 동질성을 확인할 수 있는 신화나 중국 남부의 소수민족의 신화 등과 공통적인 요소가 발견되는 점은 예전부터 주목을 받아왔는데, 그 이유는 태평양 연안을 고리처럼 연결시켜 주는 거대한 신화의 변형군變形群의 존재에 있습니다. '변형'이라는 말을 사용했는데 이것에 대해서는 좀더 설명이 필요합니다. 신화는 이야기에 의해 전승되는 것이기 때문에, 시간과 공간 속에서 서서히 변형되어 갑니다. 물론 신화는 논리적 전체성소體性을 갖추고 있기 때문에 변형에는 일정한 규칙이 있습니다. 한 부분이나 항목이 변하면, 그에 맞추어서 관련이 있는 다른 부분이나 항목이 변화를 일으키는 것입니다. 그럼으로 해서 신화가 전하고자 하는 메시지가 변하는 경우도 있고 변하지 않는 경우도 있습니다.

　메시지의 변화는 동일한 신화를 인접해 있는 다른 부족이 서로 공유하는 경우에 종종 일어납니다. 사회의 구조가 변하면 그에 맞추어서 신화도 변형됩니다. 또한 이웃 부족하고는 다른 내용을 이야기하고 싶어하거나 같은 내용을 다른 식으로 이야기하고 싶어할 때도 참으로 교묘한 방법으로 신화는 변형되어 갑니다. 그러나 변형이 이루어진 논리적인 과정을 확실하게 파악할 수도 있습니다. 그렇기 때문에 이 환태평양 세계의 신화는 어떤 신화나 유사한 점이 있으면서 또한 조금씩 다른 점을 갖고 있습니다.

　변형이라는 개념을 도입하게 되면, 이를테면 환태평양 지역에 분포되어 있는 많은 신화들을 변형의 고리로 이어갈 수가 있습니다. 신화는 거대한 변형군을 만들고 있습니다. 방대한 신화를 이 변형이라는 개념에 의해 이해해 보고자 하는 방대한 연구가 프랑스의 인류학자 클로드 레비 스트로스에 의해 시작되었습니다. 레비 스트로스는 남북아메리카 양대륙에서 기록된 수천 종류의 신화를 변형군으로서 파악하고자 했습니다. 그러자 하나하나의 신화가 마치 모리스 라벨이 작곡한 「볼레로」처럼 아주 조금씩 스스로를 변형시켜 가다가 커다란 전체성을 가진 음악을 만들어간다는 사실을 발견했습니다. 아마존의 인디언의 신화가 조금씩 스스로를 변형시켜 가다가 마침내 북아메리카 인디언의 신화로 모습을 드러내는 식입니다.

　이러한 변형은 앞으로도 계속될 겁니다. 베링 해협을 건너 아시아로 되돌아온 신화는 아시아에서 변형의 춤을 계속 추다가 머지않아 환태평양 지역을 하나로 연결시키게 될 겁니다. 내가 계획하고 있는 것이 바로 그런 식의 연구이지만, 지금은 좀더 지엽적인 주제에만 관심을 집중시키고자 합니다. 지엽적인 주제란, 중석기 시대 중 유라시아 대륙의 문화가 지금보다도 훨씬 균등했던 시기에 공유되던 신화나 혹은 신화의 파편이, 유라시아 대륙의 서쪽 끝과 동쪽 끝에 남아 있었을 가능성을 '연석'의 전승을 통해 파헤치는 미나카타 구마구스의 연구를 발전시키고자 하는 겁니다.

'가구야 공주' 또는 '결혼하고 싶어하지 않는 아가씨'

연석에 대한 이야기가 처음으로 등장하는 것은 9세기에 일본에서 쓰여진 『다케토리 모노가타리竹取物語』입니다. 『다케토리 모노가타리』라는 것은 여러분도 잘 알다시피 가구야 공주에 대한 이야기입니다. 가구야 공주라는 여성의 본질을 한마디로 말하면 '결혼하지 않는 아가씨' 혹은 '결혼하고 싶어하지 않는 아가씨'가 될 겁니다. 지금 같으면 너무 많아서 그리 특별하다고 할 것도 없겠지만, 신화가 구전되던 사회에서는 그런 소녀는 특별한 주제로서 '사고'의 대상이 되었던 것입니다. 아무리 많은 구혼자가 나타나도 모두 거들떠보지도 않고 결혼하기 싫어하는 아가씨가 등장하는 신화는 환태평양 지역에 널리 분포되어 있습니다. 가구야 공주는 그런 여성의 한 사람으로 매우 흥미로운 생활을 했습니다.

이런 아가씨들은 집안에 틀어박혀 있는 경우가 많습니다. 예를 들면 북아메리카 인디언(특히 평원 지역과 북서부의 인디언)의 신화에서는 양친이 애지중지하며 집안에서만 곱게 키우는 매우 아름다운 아가씨가 등장합니다. 재미있는 것은 이 아가씨의 발이 무척 작다는 점입니다. 인디언 세계에도 귀족제도가 발달한 지역이 있는데, 이 신화는 그런 지역에서 특히 많이 구전되었던 듯하며, 귀족의 딸은 발이 작고 웬만해서는 사람들 앞에 모습을 드러내지 않습니다. 옛날 중국인들의 전족纏足이라는 풍습이 연상됩니다. 발이 너무 작아서 종종걸음을 칠 수밖에 없는 여성의 성적 매력에 대해 기술한 중국의 책이 많은데, 환태평양권에서 규중의 처녀가 비슷한 이미지를 가지고 있었다는 점은 매우 흥미로운 일입니다. 이 아름다운 아가씨는 많은 구혼자들이 열렬히 그녀를 원해도 모두 매정하게 거절해버립니다. 그러다가 결국 인간 구혼자하고는 그 누구하고도 결혼을 안 합니다. 그러던 끝에 인간이 아닌 구혼자를 찾아서 머나먼 여행을 떠납니다. 그녀는 같은 종족과 결혼하는 '족내혼族內婚'을 거부하고 먼 곳에 있는 상대를 원해, 결국 곰이나 여우 혹은 범고래와 결혼하기도 합니다.

아메리카 인디언의 신화에서는 이 규중의 처녀는 집안 깊숙이 숨겨져 있는 경우가 많은데, 가구야 공주의 경우는 속이 텅 빈 대나무 마디에 숨어 있었습니다. 이것은 '집안에 숨어 있다'는 이미지를 더욱 극단적으로 표현한 것이라고도 할 수 있을 겁니다. 대나무 속에 숨어 있던 이 여자아이를 자식이 없던 노부부가 키우게 됩니다. 지금까지 매개체가 없는 상태에서 서로 멀리 떨어져 있던 두 존재(이 부부는 오랫동안 둘 사이를 이어줄 자식이 없었기 때문에 서로 떨어져 있는 상태에 있었습니다. 그것을 이어줄 존재는 멀리 있거나 보이지 않거나 해서 지금까지 가까이에 없던 것이 느닷없이 나타나는 방법이어야 합니다. 그렇기 때문에 아기는 대나무 속에서 갑자기 출현해야만 합니

다) 사이에 갑자기 그 둘을 이어줄 것이 나타났습니다. '갑자기' 나타난 이 소녀는 '순식간에' 성장해야만 하겠지요. 그래서 눈 깜짝할 사이에 아름다운 처녀로 성장합니다. 너무나도 아름다워서 구혼자가 쇄도하게 됩니다. 그런 열렬한 구혼자들에게 가구야 공주는 계속해서 어려운 과제를 내서 돌려보내고 맙니다.

가구야 공주는 분명히 '결혼하고 싶어하지 않는 아가씨'라는 신화 유형에 속합니다. 딸이 결혼해서 남의 집으로 떠나가면 양친은 뭔가를 잃은 듯한 상실감에 빠지겠지만, 그 대신에(고대의 사회에서는) 사회적인 영역의 확대가 가능해졌습니다. 자신이 갖고 있는 것을 타인에게 줌으로써 사람과 사람의 관계가 발생하는데, 결혼은 그런 의미에서도 사회적 관계를 만드는 최상의 방법으로 간주되었습니다. 그런데 '결혼하고 싶어하지 않는 아가씨'의 유형에 속하는 신화에서는 양친이 엄청난 구두쇠이거나, 딸이 오빠나 남동생을 사랑하거나 하는 식의 이야기가 나옵니다. 가족이 자신들만의 세계에 틀어박혀 있음으로 해서 사회적인 관계를 맺지 않는 셈이므로, 이것은 사회적인 관점에서 보면 위험한 상태라고 할 수 있습니다. 아이가 없는 부부도 마찬가지지만 '결혼하고 싶어하지 않는 아가씨'도 사회의 관점에서 보면 위험한 상태를 초래할 가능성이 큽니다. 이런 경우에는 평범하지 않은 사람이 '결혼하고 싶어하지 않는 아가씨'를 아내로 맞이하는 것이 곧 해결책이라 할 수 있기 때문에 『다케토리 모노가타리』에서도 이 부분에서 임금님이 등장하게 됩니다.

아름다운 아가씨가 유력한 구혼자들의 청혼을 계속 거절하고 있다는 소문을 전해들은 임금님이 그녀를 왕비로 맞이하겠다고 제안합니다. 이번에는 어쩔 수 없이 거절하지 못할 겁니다. 왜냐하면 임금님은 평범한 수준을 초월한 분이기 때문에 '결혼하고 싶어하지 않는 아가씨'로서는 임금님이라면 받아들여도 되는 셈입니다. 그러나 가구야 공주는 모든 인간 구혼자들을 거부합니다. 임금님이 가마를 가구야 공주의 집으로 보내자 할아버지와 할머니를 남겨둔 채 그녀는 달로 가버립니다. 달은 임금님보다 훨씬 높고 먼 초월적인 세계를 의미하기 때문에, 대나무의 통 속에 있던 여자아이는 마침내 달이라는 '극단적으로 먼 곳'으로 떠나고 맙니다. 아메리카 인디언의 신화라면 이런 소녀는 남편감을 찾아 곰이나 코요테 등이 있는 동물의 세계로 가버리는 경우가 많지만, 때로는 별이나 태양이나 달과 결혼하는 경우도 있습니다. 이런 소녀들은 인간 세계에서 '매개자 역할을 할 만한 상대'를 도저히 발견할 수가 없었던 겁니다. 임금님의 구혼마저 거절하고 달로 가버리는 가구야 공주는 이런 소녀들과 같은 부류로 지상에서 정착할 만한 곳을 도저히 찾을 수 없었던 거라고 할 수 있습니다.

제비집에 있는 자패紫貝

이 『다케토리 모노가타리』에는 구혼자 중의 한 명으로 주나곤中納言(일본의 고대의 관직명—옮긴이) 이시가미노 마로타리石上麿足라는 인물에 대한 일화가 나옵니다. 이 사람은 실재의 인물입니다. 임신의 난(壬申の亂: 672년에 왕위 다툼으로 인해 일어난 난—옮긴이) 때 활약했던 사람으로 이 사람이 어떻게 이 이야기에 등장하게 되었는지는 수

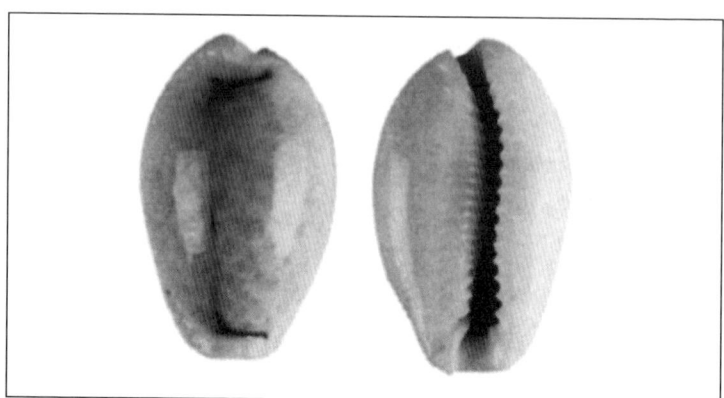
자패

수께끼지만, 이시가미 집안 하면 궁정의 주술관계 일을 맡아하던 사람들이므로 그 점과 어떤 관련이 있을지도 모릅니다. 이 이시가미노 마로타리에게 가구야 공주는 어려운 과제를 줍니다. "제비집에 있는 자패紫貝라는 것을 가져와 주면 결혼하겠어요"라고 말하는 겁니다. 그래서 이시가미노 마로타리는 그 즉시 하인들에게 집에 제비가 집을 짓거든 알리라는 명령을 내렸습니다. 원문을 보기로 하겠습니다.

주나곤 이시가미노 마로타리가 집에서 부리던 하인들에게 "제비가 집을 짓거든 알리거라"라고 말씀하시니, 그 말씀을 듣고 "뭐 하시려고 그러십니까?" 하고 묻는다.
대답해 말씀하시기를, "제비가 갖고 있는 자패를 가져오려는 것이다"라고 말씀하신다.
하인들이 그 말에 답해 아뢴다. "아무리 제비를 죽여보아도 뱃속에 없었습니다. 새끼를 낳을 때만 어디선가 나타났다가 사라지는 게 아닐까요?"라고 말한다. "사람이 보기라도 하면 모습을 감춥니다"

라고 말한다.(『일본고전문학대계17』, 이와나미岩波서점)

연석에 관한 가장 오래된 기록이 여기에 나옵니다. 하인들은 제비를 죽여봐도 자패 같은 것은 없었다고 보고해 오지만, 구전에 의하면 제비가 새끼를 낳을 때 영문은 알 수 없지만 자패가 나오는 경우가 있다고 합니다. 자패라는 조개는 아마도 조몬 시대부터 잘 알려져 있던 조개일 겁니다. 일본인이나 중국의 소수민족 사이에서 이 조개는 순산의 수호신으로서 옛날부터 극진한 대접을 받았습니다. 그 이유는 자패의 모양과 관련이 있을 겁니다. 그 모양이 여성의 성기와 비슷한 것은 틀림없으니까요. 비슷한 정도가 아니라 매우 완벽한 형태를 갖추고 있어, 그로 인해 안전하고 안정된 출산을 가능하게 한다는 사고를 낳게 되었는지도 모릅니다. 그러나 여기서 중요한 것은 그것을 제비가 갖고 있다는 점입니다. 제비가 그 조개를 바다에서 가져와서 자신의 집에 둔다고 하는 바로 이 점이 중요한 겁니다.

이시가미노 마로타리는 사람들을 시켜서 제비집 안에 있다고 하는 자패를 가져오라고 명령했습니다. 하지만 모두 실패하고 맙니다. 그래서 이시가미노 마로타리는 "아! 속이 타는구나. 내가 직접 가야겠다"라고 말하더니, 사다리를 놓아 높은 곳으로 올라가서 제비집으로 손을 뻗칩니다. 그러자 손에 닿는 것이 있습니다. 음, 이게 바로 그 자패가 틀림없다며 기뻐서 움켜쥐려다가 사다리에서 떨어져 밑에 있던 솥에 부딪쳐 하반신이 골절되고 말았습니다. 그래도 자패만 손에 넣으면 가구야 공주와 결혼할 수 있다며 울상을 지으면서도 손바닥 안을 바라보니, 자패라고 생각했던 것이 제비의 똥이었다는 이야기입니다. '결혼하고 싶어하지 않는 아가씨'가 하는 짓은 상당히 잔혹합니다.

'새집 뒤지기Bird Nester'라는 주제

제비가 갖고 있는 자패는 일본 문학상의 수수께끼였습니다. 제비집 안에 있는 자패라는 것을 따로 독립시켜서 생각해서는 그 의미를 이해하기가 힘듭니다. 그러나 제비가 바다에서 가져와서 제비집에 두는 것으로서 출산과 관계가 있다고 하는 다른 종류의 돌이 있습니다. 자패의 의미는 이런 돌들과 비교해 보면 비로소 명백해질 겁니다. 제비집 안에 있는 이런 조개나 돌을 총칭해서 이제부터 '연석'으로 부르고자 하는데, 이것이 우리의 당면 테마입니다.

유럽이나 미국으로 시야를 바꾸어 보면 연석에 관한 전승을 많이 발견할 수가 있습니다. 미나카타 구마구스는 『연석고燕石考』라는 논문을 약간 멋들어진 표현으로 시작합니다. 18세기 초의 미국 시인 롱펠로의 유명한 시 「에반젤린 혹은 아카디 이야기」를 인용하며, 그 시에 연석에 대한 묘사가 나온다고 하는 그때까지 전혀 알려지지 않았던 사실을 지적했습니다.

에반젤린이라는 아름다운 여성에 대해 노래한 시의 첫 부분에 이런 표현이 나옵니다.

> 헛간 속, 서까래 위에 있는, 새끼 새가 법석을 떨고 있는 제비집까지
> 몇 번씩 기어올라가서는 열심히 찾았었다. 제비들이
> 새끼의 눈을 낫게 하기 위해 해안에서 가져오는 신비한 돌을.
> 제비집에서 이 돌을 발견한 사람은 행운아로 여겨졌다.

시인이 소년시대를 회상하고 있습니다. 헛간에 있는 제비집에 새끼 새가 돌아와 있는 것으로 봐서, 이 시의 배경은 여름이라는 걸 알 수 있습니다. 5월에서 8월에 걸쳐 제비는 집을 지어 두 번 내지 세 번의 산란을 하기 때문입니다. 여름의 짧은 기간에 두 번이나 산란을 하기 때문에 제비는 정력이 좋은 동물로 불리고 있었습니다. 뉴잉글랜드의 소년들은 새끼 새가 법석을 떨고 있는 새집에 '몇 번씩 기어 올라가서는 열심히 찾았었다.' 제비가 새끼의 눈을 고치기 위해서 바닷가에서 가져오는 신비한 돌이 있다고 하기에 열심히 찾아 돌아다녔다는 겁니다.

여기서는 제비집에 바다에서 가져온 돌이 있으며 그 돌은 새끼의 눈을 고치는 데 효과가 있는 것으로 알려져 있었습니다. 『다케토리 모노가타리』에서는 제비가 바다에서 육지로 갖고 온 조개가 순산에 효과가 있는 것으로 알려져 있었다는 걸 기억해주십시오. 이 두 전승에서는 제비가 제비집 속에 보관하고 있는 특수한 돌이 문제가 되어 있는데, 여기에는 공통적인 사고 구조가 자리하고 있는 걸 발견할 수 있습니다. 제비가 바다에서 육지를 향해 운반해온 돌이나 조개가 출산을 돕거나 눈병을 고치는 힘이 있는 것으로 알려져 있습니다. 즉, 제비가 가져온 돌에는 여성의 배에 들어 있는 것(아이)과 새끼 새의 눈으로 들어가서 병에 걸리게 한 원인을 밖으로 끌어내는 작용을 하는 것으로 알려져 있는 셈입니다.

미국의 시인이 여기서 문제 삼고 있는 것은 '새집 뒤지기Bird Nester'라는 민간 풍습에 대한 것입니다. 유럽의 민간전승에도 종종 등장하는 것으로, 사춘기를 맞이한 소년을 연상의 청년이 높은 나무 위에 지어져 있는 새집으로 올라가게 해서 알이나 그 비슷한 것을 가져오게 하는 풍습인데, 이때 소년에게는 선배들로부터의 최초의 성교육이 이루어진다고 합니다. 여러분은 야생의 새집 속에 손을 넣어본 적이 있습니까? 무척 느낌이 좋았을 겁니다. 나는 여러 번 해본 적이 있습니다. 무척 따뜻해서 기분이 좋습니다. 그리고 잘못해서 알을 누르거나 하게 되면, 이때 알로 인해서 질척질척 하게 젖은 손의 느낌이 어른이 되어서 체험하게 될 다양한 성적인 감각과 매우 흡사합니다. '새집 뒤지기'는 성적인 의미가 농후한 풍습인 셈이지요.

'Bird Nester'라는 말에는 다른 의미도 있습니다. 이것은 프랑스 같은 곳에서는 지금도 사용되고 있을지도 모르는데, 규중의 처녀를 손에 넣는다는 의미입니다. 좀처럼 손에 넣기 힘든 여자(신화에 묘사되어 있던 '결혼하고 싶어하지 않는 아가씨'의 한 형태입니다)의 집으로 몰래 가서 자기 것으로 만든다는 뜻입니다. 이 경우에 새집에 해당하는 것은 침대입니다. 남자들에게 전혀 마음이 없던 여성을 침대 위에서 성의 세계로 데리고 간다는 의미로도 해석할 수 있으므로 여기서도 '가구야 공주'식의 주제를 엿볼 수가 있으며, 그런 여성을 '밖으로 끌어내기'위해서 제비가 바다에서 새집으로 가져온 돌이나 조개가 큰 효과를 발휘하고 있는 셈이므로, 여기에도 어떤 관련이 내재되어 있다는 걸 알 수 있습니다.

그런데 롱펠로는 미국의 시인인데 어떻게 이런 연석에 관한 이야기를 알고 있었던 걸까요? 그는 미크마크 인디언의 거주지 부근에 살고 있었는데, 그곳에는 프랑스의 브르타뉴 지방에서 이주한 사람들이 많이 있었습니다. 아마도 롱펠로우는 브르타뉴 출신자로부터 이런 전승에 대해 들었던 것 같습니다. 그렇다면 이 연석에 관한 전승은 브르타뉴 계통에 속하는 전승이 되는 셈입니다. 실제로 19세기가 되어 민속학자들이 브르타뉴에서 채집한 민화집에는 이것과 매우 유사한 이야기가 나옵니다. 예를 들면 19~20세기 초반에 걸쳐서 많은 활약을 한 프랑스의 민속학자 폴 세비요Paul Sebillot가 쓴 『프랑스 민속학 Le folk-lore de France』을 보면 이렇게 적혀 있습니다.

> 일반적으로 연석이 갖는 치료 효과는 대단한 것으로 생각되었기 때문에 사람들은 어떻게 해서든 이것을 손에 넣으려고 했다. 이 돌을 손에 넣기 위해서 노르망디 사람들은 제비집에 있는 새끼 제비의 눈에 상처를 입히는 짓도 서슴지 않는다. 그렇게 하면 어미 제비는 해안으로 날아가서 작은 돌을 가져온다. 이 돌은 눈 깜짝할 사이에 새끼의 눈을 고쳐버린다. 이 돌을 제비집에서 발견할 수 있었던 사람은 엄청난 행운과 마력을 가진 약을 손에 넣은 셈이 되는 것이다.

『다케토리 모노가타리』가 쓰여진 것은 9세기이며, 동일한 전승이 현대의 브르타뉴에도 있으며 상당히 오랜 내력을 가진 것으로 추측된다는 점, 또한 『다케토리 모노가타리』와 매우 유사한 이야기가 중국의 소수민족인 묘족苗族이나 티베트족에게도 전승되어 왔다는 점 등을 종합해서 생각해 보면, 이 연석 전승은 아주 오랜 내력을 가지며 또한 전세계에 분포되어 있는 전승이라는 사실을 알게 됩니다.

연석의 일곱 가지 요소

유럽에서는 연석에 관한 전승이 매우 발달되어 있는데, 미나카타 구마구스의 견해를 근거로 정리해 보면 이 전승들은 대개 일곱 개의 요소로 이루어져 있습니다.

① 어떤 특별한 돌을 바닷가에서 가져와서 제비가 둥지 안에 감춰둡니다.
② 그 돌은 새끼 새의 눈병을 고치는 힘을 갖고 있습니다.
③ 연석을 소지한 여성은 안전하게 아이를 출산할 수 있습니다. 그 밖에도 이 돌은 다양한 치료 효과를 갖고 있습니다.
④ 제비는 보통 이 연석을 손에 넣으면 그 돌을 사용해서 눈병에 걸린 새끼의 눈을 고치지만, 그것을 손에 넣지 못할 때는 '연초燕草', 일본명 '풀의 왕草の王' 이라고 불리는 식물을 사용합니다. 이것은 어디서나 볼 수 있는 학명 '세란다인' 이라는 약초입니다. 이렇게 해서 돌과 식물이 관련을 맺게 되었습니다.
⑤ 이 연초라는 식물과는 별도로 '석연石燕' 이라고 불리는 민간 의료용으로 쓰이는 돌도 있습니다. 이것은 마노瑪瑙와 비슷한 모양이 있는 돌입니다. 이 석연은 실제로는 스피리퍼종 Spirifer種에 속하는 완족류腕足類(조개)의 화석이라고 합니다. 형태는 제비가 나는 모습과 매우 유사합니다. 이 돌은 산성의 액체에 넣으면 생물처럼 움직이기 시작합니다(길거리 같은

(상) 연석
(우) 풀의 왕(Flore Médicale, Chaumenton, Poiret, Chamberet)

데서 팔던 장뇌樟腦를 사용한 배를 본 적이 있을 겁니다. 물속에 넣은 순간 슈-웃 하고 움직이기 시작하는 배 말입니다. 이것과 같은 원리로 움직이는 돌이죠). 물속에 넣으면 움직이기 시작해서 두 개의 돌이 딱 붙습니다. 그것을 바라보며 옛날 사람들은 상당히 '특이한 돌'이라고 생각했을 겁니다. 마치 양성兩性이 사랑을 즐기는 것처럼 보이기 때문입니다.

⑥ '안석眼石'이라고 불리는 눈병을 고치기 위해 민간의료용으로 쓰이는 돌도 있습니다. 이것은 바로 패류의 '꼭지'에 해당하는 것으로 '석연'처럼 산성의 액체 속에서 에로틱한 운동을 한다고 합니다. 제비에 얽힌 모든 전승에는 어딘가 성적인 환기력이 있는 것 같습니다. 이것은 제비가 강력한 번식력을 가진 섹슈얼한 동물로 믿어져 왔다는 것과 관계가 있을 겁니다.

⑦ 연석은 독수리가 둥지 안에 소중히 보관하고 있다고 하는 '취석鷲石'과도 깊은 관련이 있습니다. 이 취석도 여성의 출산을 돕는 마력을 갖고 있는 것으로 알려져 있기 때문입니다. 또한 유럽의 전승 세계에서는 독수리와 제비는 대조적인 동물로 여겨졌습니다. 제비가 물이나 바다와 관계가 있다고 여겨진 데 비해서 독수리는 불이나 산과 관계가 있는 것으로 여겨졌습니다.

사고의 론도Rondo

이 일곱 가지 요소 각각의 의미에 대해서는 미나카타 구마구스에 대해 연구한 『숲의 바로크森のバロック』라는 책에서 상세하게 설명하였으므로 그 책을 참고하기 바랍니다. 이제까지 언급한 것만으로도 『다케토리 모노가타리』에 살짝 언급되어 있는 사소한 에피소드에 지나지 않는 것이 사실은 아주 오래 전부터 존재했던 사고의 단편과 관계가 있으며, 유라시아 대륙에 널리 전승되고 있다는 사실을 알 수 있었습니다. 또한 그것을 구조적으로 연관시켜 가면 전체가 커다란 시스템을 이루고 있다는 것도 분명해집니다.

가구야 공주가 왜 그때 제비가 갖고 있다는 자패를 원했는지, 그 이유를 점점 이해할 수 있게 되었을 겁니다. 자패는 연석과 교환이 가능합니다(원래 둘 다 조산助産 기능이 있다는 점 때문에 연석에 대한 전승이 자패와 관련이 있는 다른 전승과 뒤섞였을 것으로 보입니다).

가구야 공주는 '제비가 둥지에 숨기고 있다는 이 돌이나 조개를 손에 넣으면 난공불락으로 알려진 나도 무너뜨릴 수가 있어요'라고 도전적인 제안을 했던 겁니다. 대나무의 통 속에 있던 가구야 공주는 '결혼하고 싶어하지 않는 아가씨'의 대표적인 존재였는데, 이 아가씨를 '밖'으로 끌어내려면(할아버지는 대나무를 자르는 식의 좀 난폭한 방법으로 그녀를 밖으로 데리고 나왔지만, 결혼이라는 장면에 이르자 이 아가씨는 역시 '밖'으로 나가기를 싫어했습니다) 난산으로 고생하는 어머니의 배에서 아이를 무사히 꺼내는 데 효과가 있는 것으로 믿어졌던 '자패나 연석을 사용하면 되죠'라고 도발적인 농담을 던지고 있는 것으로도 해석할 수 있습니다.

    지금까지 잠깐 거론한 것만으로도 이렇게 간단한 전승의 이해에도 옛날 사람들이 제비라는 동물을 어떻게 생각했는지에 대한 지식이 필요하고, 광물이나 식물에 대한 지식이 관련되어 있으며, 게다가 그런 지식이 아무렇게나 삽입되어 있는 것이 아니라 일관된 야생의 사고 논리에 의해 서로 관련을 맺고 있다는 것을 이해했을 겁니다. 신화의 사고는 커다란 원을 그리듯이 서로를 연결시켜 갑니다. 다음 장에서는 제비를 둘러싼 이런 주제들을 누에콩이나 여성의 클리토리스에 관한 주제들과의 관계에 초점을 맞추어 관찰해 가기로 하겠습니다.

Nakazawa Shinichi
Kodansha : Cahier Sauvage Series No.1

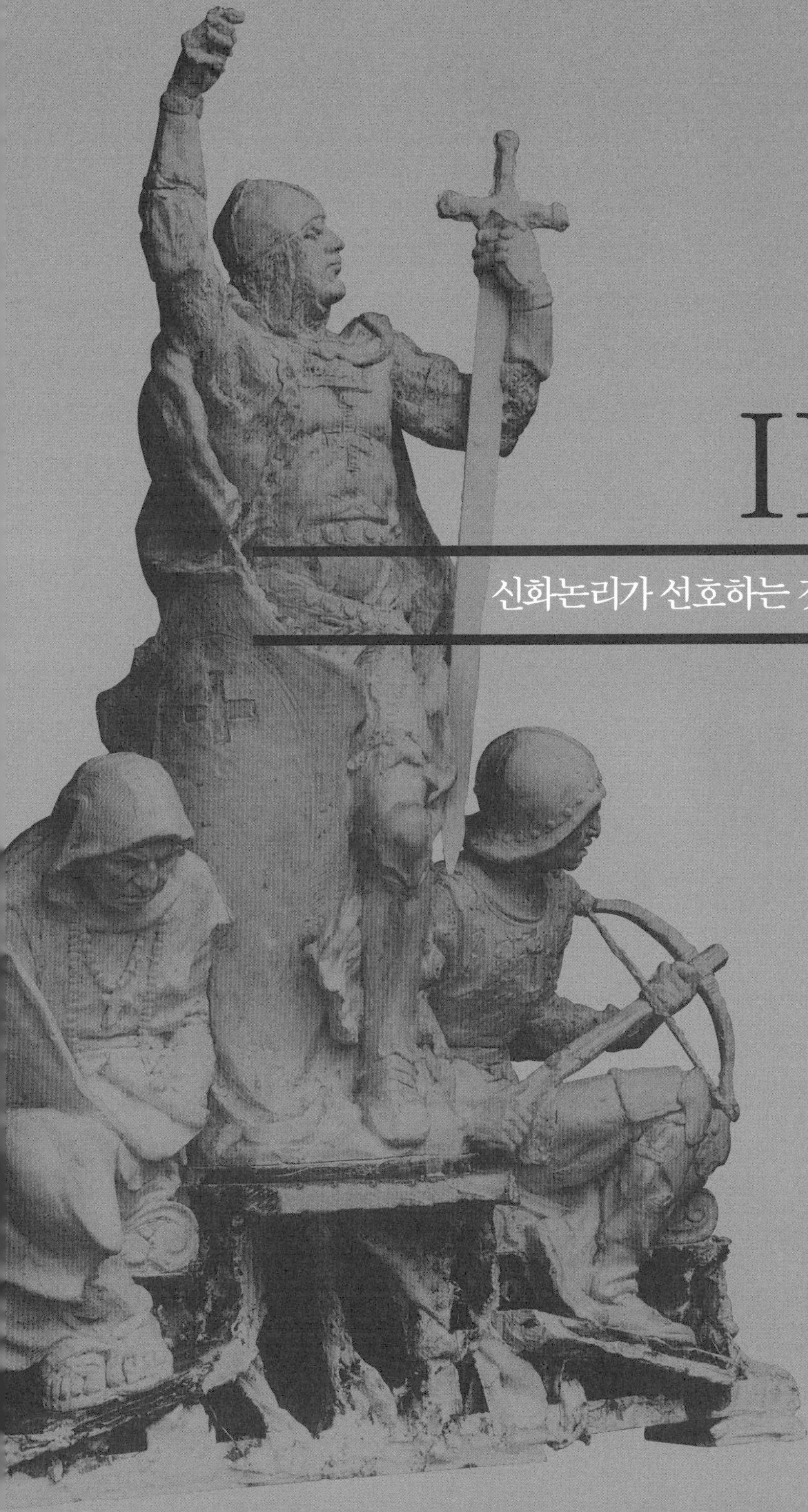

II

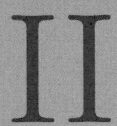

신화논리가 선호하는 것

Nakazawa Shinichi
Kodansha : Cahier Sauvage Series No.1

환상의 이면에 존재하는 것

인간은 오랫동안 인생이나 세계의 본질을 파악하는 데 있어서 감각의 논리라고 부를 만한 구체적인 것의 논리를 사용하는 걸 선호해왔습니다. 민화에는 종종 '약삭빠른 여우'가 나오는데, 여우의 생태를 보면 개보다도 훨씬 교활하고 스마트한 점이 있는 건 사실입니다. 이런 동물이야말로 신화적 사고가 '가장 선호하는 것' 입니다. 신화의 사고는 여우와 같은 동물로 하여금 대활약을 하게 해서, 현실에서는 연결이 되지 않는 것을 연결시키거나 도저히 일어날 것 같지도 않은 사건을 일으켜, 그로 인해 평소에는 표면에 나타나지 않는 세계의 또 하나의 얼굴을 들추어내서 보여주고자 합니다.

그렇기 때문에 이야기의 표면에서는 매우 환상적인 일들이 연이어서 전개되고 있는 듯이 보일 뿐이지만, 그 이면에서는 동물이나 식물의 구체적인 생태에 대한 지식을 이용한 논리적인 사고가 작동하고 있는 것이 바로 신화입니다. 게다가 신화는 이 논리나 외견보다도 훨씬 더 정밀한 작용을 하고 있습니다. 신화는 현대의 분석철학자가 하고 있는 것에 비해서 손색이 없는 논리적 사고를 여우나 까마귀나 곰을 등장시켜 전개시키고 있는 겁니다.

피타고라스파派의 규칙

이제부터 '누에콩'을 예로 들어서 이 신화적 논리의 작용을 살펴봅시다.

피타고라스라는 철학자에 대해서는 잘 아실 거라고 생각합니다. '피타고라스의 정리'를 발견한 고대 그리스의 유명한 수학자이자 철학자이니까요. 피타고라스는 "이 세계는 수를 기본으로 해서 이루어져 있다", "우주의 조화는 음악으로 이루어져 있다"는 신비주의적인 생각을 갖고 있는 인물이었습니다. 이 피타고라스 선생을 중심으로 비밀결사와도 같은 자그마한 지적 공동체가 구성되었는데 그것을 '피타고라스파'라고 불렀습니다.

피타고라스는 매우 별난 사람이었습니다. 그렇기 때문에 피타고라스파에게는 여러 가지 특이한 규칙이 있었습니다. 그 규칙 중에서도 특히 이상한 것은 "누에콩을 먹어서는 안 된다"는 것과 "집안에 제비집을 짓게 해서는 안 된다"는 것이었습니다.

왜 피타고라스파는 누에콩을 먹거나 집안에 제비가 집을 짓거나 하는 걸 그토록 싫어했을까요? 그런 규칙과 그의 수학 연구나 우주철학에 대한 탐구는 어디선가 연결되는 점이 있는 걸까요? 이것은 옛날부터 철학사에 있어서의 수수께끼였습니다. 이것을 이해하기에는 평범한 철학적 방법으로는 무리가 있습니다. 철학적 사고와 그 모체를 이룬 신화적 사고의 관계가 제대로 이해되지 않는 한, 이 '피타고라스파'의 수수께끼는 언제까지나 미해결 상태일 겁니다. 우리는 여기서 신화와 철학 사이에 예전에는 확실히 존재했을 '잃어버린 연결고리'를 찾아내는 작업을 해볼 필요가 있습니다.

귀신과 콩

우선 콩부터 거론하기로 합시다. 콩은 인간의 문화에서 항상 매우 중요한 역할을 해왔습니다. 중요한 식물성 단백질의 공급원으로서만이 아니라, 콩은 또한 신화적 사고가 매우 선호하는 것이기도 했습니다. 일본인은 이 사실을 잘 알고 있습니다. 봄이 찾아오기 직전에 '구정舊正'의 형태로서 입춘 행사를 하는데, 입춘에 '귀신은 밖으로, 복은 안으로' 하고 큰소리로 외치면서 콩을 던지는 풍습은 지금도 널리 행해지고 있습니다. 뿐만 아니라 최근에는 일종의 쇼처럼 되기도 했습니다. 그런데 그렇다손 치더라도 왜 하필 콩일까요?

  입춘에 관한 풍습은 곧 봄의 도래와 밀접한 관련이 있어, 이 시기에 아메리카 대륙에서도 그리고 유라시아 대륙에서도 망자亡者를 위한 제의祭儀를 행했습니다. 겨울이 완전히 가고 봄의 문턱에 들어서는 시기에 망자들을 불러들였다가 곧바로 그들을 되돌려보내는 의식을 치르는 겁니다. 유럽에서는 부활제 직전의 '재의 수요일(사순절이 시작되는 첫날로 사순제 일주일 전前 수요일을 이르는 말 – 옮긴이)'을 전후해서 망자를 표상하는 모습을 한 젊은이나 어린이들이 밤에 마을과 거리를 줄지어 행진했으며, 아메리카 인디언도 망자의 춤을 추었습니다. 이 시기에는 그때까지 겨울과 일체가 되어 추위와 어둠 속에 숨어 있던 망자를 밖으로 끌어내서 쫓아내는 연기를 함으로써, 봄의 도래를 상징적으로도 분명히 하고자 했던 것으로 보입니다.

  이 시기에 출현하는 망자들을 어떻게 취급할 것인지가 커다란 문제인데, 그때 콩이 등장합니다. 콩을 '망자=귀신'을 향해 던집니다. 일반적으로는 '귀신은 밖으로'라고 말해 귀신을 내쫓는 의미가 있지만, 일본의 마을들에는 '귀신의 자손'으로 불리는 사람들이 있어, 이 사람들은 '귀신은 밖으로'가 아니라 '귀신은 안으로, 복은 안으로'라고 말하며 콩을 어둠을 향해 집니다. 이로 보아 콩은 단순히 망자를 밖으로 내쫓기 위해서가 아니라 귀신인 망자의 세계와 커뮤니케이션을 하는 도구로서 사용된 것이 아닐까 하고 생각하게 됩니다. 죽은 자와 산 자 사이에 커뮤니케이션(소통)의 회로를 여는 힘을 가진 것, 아무래도 그것이 콩인 것 같습니다.

콩은 산 자와 죽은 자의 각각의 세계의 경계에 서서 두 세계의 커뮤니케이션 회로를 열기도 하고 닫기도 하는 역할을 하기 때문에, 아무래도 '양의적兩義的'인 존재여야만 합니다. '귀신=망자'를 끌어들이는 힘도 갖고 있으면서, 그것을 쫓아낼 수도 있는 셈이므로, 콩은 매우 복잡한 성격을 갖고 있어야만 합니다. 일본에서는 이때 콩大豆이나 팥小豆을 사용합니다. 입춘 시기에는 팥으로 죽을 끓여 먹기도 합니다. 망자들을 위한 제사인 피안제彼岸祭(춘분, 추분을 전후한 일주일 동안에 행해지는 제의. 이때 보통 성묘를 함―옮긴이) 때는 팥과 콩고물이 뿌려져 있는 떡을 먹는데, 그것은 아마도 팥이 산 자와 죽은 자를 매개해서 연결시켜 주는 '중개자mediator' 역할을 하기 때문일 것입니다.

콩의 신화학

그러나 이것은 일본만의 관습이 아닙니다. 아메리카 인디언도 망자를 위한 의례 때 콩을 던집니다. 일본의 경우에는 피안제나 춘분 행사가 불교나 음양도陰陽道의 성격을 띠고 있기 때문에 망자의 의례라는 본래의 성격이 잘 드러나지 않게 되었지만, 아메리카 인디언의 경우에는 망자의 의례라는 걸 좀더 분명히 알 수 있습니다. 이 망자를 위한 제사에서 인디언은 일본인과 똑같이 콩을 던지는 의식을 행합니다.

고대 그리스에서도 콩을 던지는 의식이 행해졌습니다. 그리스와 로마에서는 주피터에게 바치는 제의나 망자를 위한 제의일 경우, 주부主婦는 콩(누에콩)을 삶아 제단에 올려야만 했습니다. 고대 로마의 풍속에 대해서 쓴 플리니우스의 문장을 보기로 하겠습니다.

> 이런 이유에서 보통 망자의 장례를 치르거나 매장을 할 때 누에콩을 먹었다. …고대 사람들이 누에콩에 대해 공손하고 과장되게 말했다. …고대 사람들은 곡물이라고 하지는 않고 행운을 불러들이기 위해서 누에콩이라고 말했다.(플리니우스, 『박물지』)

그리스에서는 예전에 에레우시우스교教나 오르페우스교教처럼 산 자가 죽은 자의 세계로 내려가는 샤먼Shaman의 제의가 자주 행해졌습니다. 여기서도 삶은 누에콩은 매우 중요한 역할을 해서, 망자에게 제물로 바치기도 하고 먹기도 하는 의식이 행해졌다고 합니다. 이런 콩의 의미를 어떻게 받아들여야 할까요? 아메리카 인디언이 분명하게 말하고 있듯이 콩은 죽은 자와 산 자의 중개 역할을 하는 존재입니다. 그러나 어떻게 해서 콩은 그런 지위를 얻게 된 걸까요? '콩의 신화학'이라는 하나의 장르가 존재했었을 법합니다.

'콩의 신화학'에 대해서 레비 스트로스가 쓴 「아메리카의 피타고라스」라는 매우 재치 있는 논문 속에 재미있는 내용이 있습니다. 아메리카 인디언은 콩과 옥수수를 매우 유사한 위치에 있는 식물로 생각합니다. 둘 다 신성한 점이 있는 식물이므로, 둘 다 소중하게 다룰 필요가 있었던 겁니다. 그러나 콩과 옥수수 사이에는 미묘한 차이가 있습니다. 옥수수는 많은 부족들이 남성적인 식물로 생각합니다. 이에 비해서 대체적으로 콩은 여성으로 간주되는 경우가 많습니다. 콩은 콩깍지 안에 씨가 여러 개 들어 있기 때문에 풍요의 상징으로도 취급되어 그런 점에서도 여성적입니다.

또한 인디언의 속어를 조사해 보면, 콩이라는 표현은 남성의 고환을 지칭하는 데 비해서 '외따로 서 있는' 옥수수는 페니스를 표현하는 것으로 생각하는 듯합니다. 그렇다면 콩과 옥수수의 대립은 남성의 성기에서의 고환과 페니스의 대립에 대응하는 것으로 생각할 수 있게 됩니다. 그리고 부드러운 고환은 페니스에 비해서 보다 여성적인 존재인 셈입니다.

누에콩과 클리토리스

레비 스트로스는 이 관계를 다음과 같은 도표로 만들었습니다. 뭐

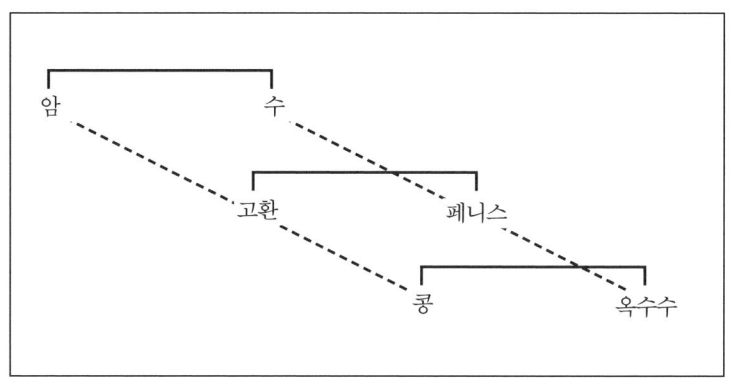

콩과 옥수수(레비 스트로스, 「미국의 피타고라스」, 『머나먼 시선Le Regard Eloigne』 참조)

든지 남성적·여성적이라는 식으로 이원론적 대립에 의해 사고하고 싶어하는 경향이 있는 아메리카 인디언의 세계에서는 고환과 페니스는 둘 다 남성적인 기관에 속하지만, 부드러운 고환은 보다 여성적인 것으로서 딱딱한 페니스에 대립되는데, 그와 똑같은 관계를 누에콩과 옥수수 사이에서 발견하게 됩니다. 그렇다면 예를 들어서 일본의 민간 신화에서 대활약을 하고 있는 너구리라는 동물은 무척 큰 고환을 가졌기 때문에 보다 여성적인 동물이 되는 셈이지요. 실제로 에도江戶 시대(17세기 초부터 19세기 중반까지를 지칭―옮긴이)의 그림 등에는 너구리가 보자기 대신에 거대한 고환을 펼쳐서 물건을 싸거나 하는 모습이 그려져 있는데, 여기에도 너구리의 여성성이 잘 표현되어 있습니다. 고환은 남자의 성기 중에서 보다 여성적인 기관이 되는 셈으로, 이런 생각은 매우 광범위하게 퍼져 있었던 것 같습니다.

레비 스트로스도 이 논문에서 재미있다는 듯이 소개하고 있는데, 일본어의 오래된 속어로 콩은 곧 여성의 클리토리스를 의미했습니다. 유곽遊廓 같은 곳에서 자주 사용되던 표현입니다. 게다가 클리토리스는 형태가 불분명한 여자의 성기 중에서는 분명한 형태를 갖춘 편이어서, 그런 점에서는 남자의 성기의 특징에 가깝기 때문에 콩으로 불리는 이 기관은 여자의 성기 중에서 남성적인 부분으로 받아들여지게 됩니다. 그리고 흥미롭게도 아메리카 인디언도 똑같은 생각을 갖고 있었습니다.

그렇다면 여기서 우리는 매우 흥미로운 사실을 깨닫게 됩니다. 콩은 남성의 고환에 해당하는 말이었다는 점을 상기해주십시오. 실제로 고환을 콩이라고 하는 지방이 많이 있으며 일본어에서도 콩은 이 중의 의미를 갖고 있습니다. 즉 남성의 신체 가운데 가장 남성적인 기관 안에 있는 여성적인 부분이 고환이며, 이것이 곧 콩이라는 겁니다. 그런데 또 다른 속어에서는 같은 콩이라는 말이 여성적인 것 안에 있는 가장 남성적인 부분을 의미했습니다. 남성적인 것 중에서 보다 여성적인 부분(고환)과 여성적인 것 중에서 보다 남성적인 부분(클리토리스), 이것이 둘 다 '콩'으로 불린 셈입니다.

결국 넓은 지역에서 공유하고 있던 신화적 사고에서 '콩'은 남성성 중에서 여성적인 것을 나타냄과 동시에 여성성 중에서 남성적인 것을 나타냅니다. 즉 대립하고 있는 것들을 중개하는 기능을 '콩'이 갖고 있었던 셈이 됩니다. 신화는 이러한 중개의 논리를 구사합니다. 그렇기 때문에 콩이라는 식물은 전세계의 신화에서 커다란 역할을 할 수가 있었던 겁니다.

흥미롭게도 전세계의 신화에서 '곡물의 기원에 관한 신화'를 보면 콩과 곡류가 대립되어 있는 경우가 매우 많습니다. 기원 신화에서는 살해당한 여신의 신체에서 최초의 곡물 종자가 나오는데, 이 때 콩은 죽은 여신의 하복부에서 나오는 경우가 많은 데 비해 곡류는 눈이나 입에서 나오는 경우가 많은 것 같습니다. 콩도 곡류도 인간의 생명을 키워준다는 의미에서는 생명에 속하는 것입니다. 하지만 곡류穀類와 두류豆類를 대립시켜 보면, 곡류는 보다 생명에 가까이 있는 먹을거리이며, 콩은 죽음에 가까이 있는 먹을거리로 간주되었던 것 같습니다.

요컨대 생명적인 것 안에 있으면서 콩은 보다 죽음에 가까운 먹을거리라는 겁니다. 이것은 앞에서의 해부학적인 사고와도 합치되는 결론입니다. 콩은 남성 안의 여성적인 부분을 나타내고 여성 안의 남성적인 부분을 나타내지만, 동시에 이 콩은 생명적인 것 안에 존재하면서 삶 속에 내재되어 있는 죽음을 의미한다는 특징을 갖습니다. 남성과 여성을 중개하는 콩은 또한 삶과 죽음을 중개하는 존재이기도 한 셈입니다.

사람들이 탁 터놓고 이야기하기를 꺼리던 속어나, 유곽과 같은 환락가에서 즐겨 사용되던 말 등은 그냥 두면 별난 취미로 끝나버리고 말 듯 하지만, 그와는 정반대로 오히려 인류의 과거 사고의 보존 장소였던 경우가 많습니다. 신화의 사고를 배우는 것에는 그런 즐거움이 있습니다. 인간에 대한 학문에서 이런 즐거움을 빼앗아서는 안 됩니다.

그렇기 때문에 피타고라스는 콩을 싫어했다

신화적 사고는 콩을 남성성과 여성성의 중간에 위치한 매개체로 생각했습니다. 그런 생각에서 콩이 삶과 죽음을 중개하는 기능을 갖고 있다는 사고방식도 나타나게 됩니다. 콩에는 죽음의 향기가 배어 있기 때문에 망자는 콩을 좋아합니다. 그런 콩을 매개로 해서 인간은 망자와의 커뮤니케이션이 가능하다고 믿어, 망자를 부르기 위해 콩을 요리해서 제물로 바치기도 하고 콩을 먹기도 하고 어둠을 향해 콩을 던지기도 했던 것이며, 그런 양의적인 성격을 통해 죽음을 떨쳐버릴 수도 있었던 셈입니다.

그렇다면 피타고라스가 어떤 생각에서 콩을 배제하려고 했는지를 이해할 수 있게 됩니다. 이 교단은 남성만으로 결성되어 있으며 여성에게 접근하는 것은 엄격하게 금지되어 있었습니다. 교단의 멤버에게는 극단적인 금욕이 요구되고 오로지 사고의 순수성만이 추구되었습니다. 세계는 숫자와 음악에 의해 이루어져 있다는 사상에 그런 생각이 잘 나타나 있습니다. 순수한 것만이 세계의 근본을 이룰 수가 있는 겁니다. 이 피타고라스 교단의 자세와 사상은 유럽이라는 것의 형성에 지대한 영향을 미쳤습니다. 기독교의 수도원은 대개 피타고라스 교단의 조직과 실천을 모델로 하고 있었으며, 서구 철학이 형이상학으로서 오로지 순수한 것을 추구하고자 했던 점도 이 교단의 강렬한 탐구정신과 관계가 있음을 확인할 수 있습니다. 그런 순수 지향의 피타고라스 교단이 싫어했던 것이 바로 양의적인 중개기능을 확실하게 갖고 있는 콩이었습니다.

신화는 인생이나 세계의 본연의 모습이 안고 있는 모순을 '철학'적으로 해결하고자 했습니다. 그렇기 때문에 논리적 중개기능을 하는 구체적인 것을 즐겨 거론하고자 했습니다. 그래서 남성적이면서 동시에 여성적이며, 삶에 속하면서 동시에 죽음의 영역에 속하기도 하는 콩 같은 존재를 매우 좋아했습니다. 성격이 모호하고 양의적이며, (순수를 지향하고자 하는 사람들에게는) 오염되어 있으며 수상한 것들이 아무래도 신화에는 필요했을 것입니다.

그런데 피타고라스는 논리적 중개기능을 갖는 이런 '오염' 된 성질을 좋아하지 않았습니다. 그렇기 때문에 남성만으로 이루어진 교단 속에서 이야기되는 진리로부터 오염된 것과 양의적인 것 일체를 배제하려고 했습니다. 여성을 접근시키지 않았던 것은 물론이며 콩마저도 싫어했습니다. 피타고라스는 그렇게 작은 콩을 악마적인 무서운 존재라고도 생각했습니다. 콩을 경멸했던 것이 아니라, 오히려 엄청난 마력을 가진 것으로서 두려워했던 겁니다.

서구 철학의 원형은 피타고라스와 그 교단의 가르침이나 조직에 있다고 합니다. 그렇게 해서 논리나 수를 사용한 순수하게 합리적인 추론만으로 진리를 이야기하고자 하는 철학이 형성됩니다. 거기서 신화는 불순한 논리에 의한 수상한 사고로 간주됩니다. 이렇게 해서 유럽에서는 '인류 최고最古의 철학'으로서의 신화가 점점 철학으로 취급받지 못하게 되었는데, '중개기능'을 오염된 것으로 간주하는 피타고라스의 생각이 하나의 발단이 되었다는 걸 생각하면 콩 한 톨이 참으로 커다란(이 경우는 마이너스적인 역할이지만) 역할을 했다는 것에 놀라지 않을 수 없습니다. 서구 철학에서 이런 상황은 헤겔이 변증법을 재발견할 때까지 계속됩니다.

제비의 재등장

피타고라스가 자신의 교단에서 해서는 안 된다고 정한 것이 또 하나 있었습니다. 집안에 제비집을 짓게 해서는 안 된다는 규칙입니다. 이것으로 봐서 제비의 집짓기를 금지하는 것은 곧 누에콩을 먹는 걸 금지하는 것과 같은 의미를 갖고 있었던 것은 아닌가 하는 예상을 하게 됩니다. 제비를 집에 들이는 것이 콩을 체내에 넣는 것과 같은 의미를 가질 거라는 거죠. 그런 양의성 때문에 순수철학자들은 누에콩을 금기시했습니다. 그러면 제비는 어떤 의미에서 양의적이며, 신화적 논리에 있어서 어떤 중개기능을 했던 걸까요? 우리는 다시 한번 '가구야 공주'의 세계로 돌아가야만 합니다.

신화에서는 구체성의 논리가 전개된다고 레비 스트로스는 주장했습니다. 날것/썩은 것, 건조한 것/축축한 것, 뜨거운 것/차가운 것과 같이 대립하는 감각적 사실을 논리를 조작操作하기 위한 항으로 이용해서, 인생이나 우주의 의미를 철학적으로 사고하려고 한 것이 신화라고 그는 주장합니다. 나도 이 생각은 기본적으로 옳다고 생각합니다. 그러면 거기에 필연적으로 '중개'의 기능을 하는 양의적인 것이 필요하게 됩니다. 항과 항 사이를 이어주는 것이 없으면 생활에 밀착된 사고를 하는 신화와 같은 유형의 철학은 완전한 것이 되지 못합니다. 세계는 극단적인 상태만으로 이루어져 있지는 않기 때문입니다. 어떤 경우든 두 항을 중개하는 것이 없으면 신화는 세계를 사고하는 것조차 불가능합니다.

그런 의미에서 제비는 분명히 양의성을 가진 새입니다. 그런 새로서 건조/습기라는 두 개의 극단적인 상태를 이어주는 중개의 기능을 갖는 겁니다. 민간에서 읊어지는 많은 시나 민요에서 제비는 겨울의 어둠을 깨고 모습을 드러내며, 쾌청한 봄을 알리러 나타나는 새로 묘사되어 있습니다. 제비는 겨울의 두꺼운 구름 속에서 천둥과 더불어(제비는 천둥과 깊은 관계가 있는 동물로도 생각되었습니다) 느닷없이 출현합니다. 제비는 4월경에 느닷없이 모습을 나타냅니다. 유럽의 경우에는 겨울이 상당히 길기 때문에 제비의 출현은 봄의 도래를 알리는 기쁜 전조이기도 했습니다.

제비의 출현은 매우 인상적입니다. 제비는 엄청난 속도로 비행하는 새이기 때문에, 느닷없이 나타난다는 인상이 강할 겁니다. 아직 겨울의 구름이 하늘을 뒤덮고 있을 때, 앞으로 도래할 봄을 유혹하듯이 천둥과 함께 비가 내리기 시작하는 바로 그때 제비가 하늘을 날기 시작합니다. 그런 제비의 유혹을 받기라도 한 듯이 일제히 꽃이 피기 시작합니다. 어둡고 춥고 축축한 폐쇄적인 계절에서, 밝고 따뜻하고 활짝 갠 쾌청한 계절로의 변화가 사람들에게는 제비의 이동에 의해 야기되는 것처럼 느껴졌을 겁니다.

제비는 어두운 계절로부터 밝은 빛으로의 전환을 중개하는 역할을 합니다. 제비가 나타남으로써 이제까지 잔뜩 흐려 있던 겨울 하늘이 단번에 밝은 봄빛으로 휩싸이고, 이제까지 축축하게 젖어있던 대지가 차츰 건조해지게 됩니다. 이런 변화를 중개하고 있는 것이 제비인 셈입니다. 이런 점에서는 제비는 분명히 건조한 계절을 인도하는 새라고 할 수 있습니다.

그런데 여기서 하나의 모순된 생각이 분명히 드러나게 됩니다. 제비는 철따라 이동을 하는 동물인데, 옛날 사람들은 철새의 이동현상에 대해 잘 몰랐기 때문에 겨울 동안 제비가 뭘 하는지에 대해 여러모로 추측을 했습니다. 어두운 계절을 몰아내고, 세계에 밝음과 건조함을 가져다주는 제비가 겨우내 물속에서 겨울잠을 잔다고 생각하기도 했습니다. 실제로 중세에 그려진 판화에는 겨울에 어부들이 얼어붙은 강에서 얼음을 깨고 그 속에 그물을 넣었다가 꺼내보니 그물 속에 졸린 듯한 얼굴을 한 제비가 잔뜩 걸려나오는 정경을 묘사한 것도 있습니다.

'겨울의 제비는 물고기다'라는 생각도 있었을 정도입니다('겨울에 제비는 조개가 된다'는 생각도 있었습니다). 겨우내 모습을 나타내지 않고, 물속으로 모습을 감춘 제비에 대해 사람들의 신화적 사고는 겨울에 제비는 물고기가 된다고 생각했던 겁니다. 물속에 있던 새가 봄이 되면 물에서 나와 제비라는 새로 모습을 바꿔서 엄청난 속도로 비행하며 인간 세계에 나타납니다. 그와 동시에 음산하고 어두웠던 겨울이라는 계절이 끝나고 쾌청하고 따뜻한 봄이 찾아옵니다. 결국 제비는 단순히 봄을 알리는 새가 아니라 겨울과 봄, 습기와 건조 등을 중개하기 위해 두 영역을 넘나들 수 있는 양의적인 새가 되는 셈입니다.

실제로 제비라는 동물은 습기와 관련이 있는 영역의 전문가로 통합니다. 그 이유는 수중 세계를 출입할 수 있는 동물이기 때문에, 물이나 진흙을 다루는 솜씨가 매우 뛰어나다는 데 있습니다. 그렇기 때문에 지방에 따라서는 제비를 '미장이'라는 이름으로 부르는 곳도 있으며, 토기를 만드는 사람들도 제비와 밀접한 관계가 있는 것으로 알려져 있습니다. 실제로 제비집을 짓는 걸 본 사람도 있을 것 같은데, 제비는 부리로 침과 흙을 잘 섞어서 집을 짓습니다. 야나기다 구니오에 의하면 일본에서 제비는 옛날에 '쓰치하미쿠로메'로 불렸습니다. 흙을 먹는 검은 여자라는 뜻입니다. 이 명칭은 매우 의미심장합니다. 흙은 습기와 친근한 것이기 때문에 그런 흙을 즐겨 먹는 여자로서의 제비는 습기와 어둠의 동물입니다. 즉 죽음의 영역과 접촉을 하는 동물인 셈입니다.

잔인한 성격

제비는 또한 매우 탐욕스런 동물이기도 합니다. 이 점은 신화에서 매우 중요합니다. 제비는 엄청난 대식가입니다. 공중을 맹렬한 스피드로 비행하며 게다가 뭔가를 먹고 있는 모습을 사람들은 확실히 관찰했던 것 같습니다. 제비는 입을 벌린 채 공중을 날면서 벌레를 포획하는데 이 점은 쏙독새와 흡사합니다. 이 쏙독새 역시 매우 탐욕스런 새로 알려져 있으며 입 크기가 제비의 약 5배나 됩니다. 많은 신화에서 쏙독새는 탐욕스럽고 잔인한 동물로서 두려움의 대상이었습니다. 제비는 이 쏙독새와 가까운 위치에 있다고 할 수 있습니다.

    잔인성도 탐욕스러움과 관계가 있습니다. 그리고 망자나 어둠의 영역과 밀접한 관계가 있는 것들은 전부 이렇게 탐욕스럽고 잔인한 성격을 갖고 있습니다. 전세계적으로 '사람을 잡아먹는 귀신'과 같은 잔인한 존재는 수중의 세계와 관련을 맺고 있습니다. 이런 귀신은 늪이나 호수처럼 물과 관계가 있는 곳에서 나오는 경우가 많습니다. 하지만 제비도 물속에서 나온다고 생각했다는 걸 상기해주십시오. 게다가 탐욕스럽게 많이 먹는 새입니다. 이 사실만으로도 제비가 죽음이나 물의 영역과 밀접한 관계가 있는 양의적인 생물이라는 것을 알 수 있지 않을까요? 제비는 봄을 알리는 밝은 동물인 반면 악마적인 성격을 숨기고 있는 복잡한 새인 셈입니다.

　이제는 교단 안에서 콩을 먹는 걸 금지했던 피타고라스가 왜 집 안에 제비집을 짓게 해서는 안 된다고 했는지 그 이유를 이해할 수 있을 겁니다. 콩과 제비는 매우 유사한 존재이기 때문입니다. 콩은 해부학적, 식물학적 레벨에서 삶과 죽음을 중개하는 양의적인 존재였습니다. 그렇기 때문에 그런 콩을 먹는다는 것은 자신의 체내에 과도하게 여성적인 것을 받아들이는 걸 의미했으며, 그것은 죽음과 친근한 것, 양의적이며 어딘가 수상한 점이 있는 중간적인 성격의 것을 자신의 체내에 받아들이는 걸 의미합니다. 피타고라스처럼 논리의 순수화를 추구하던 철학자로서는 당연히 자신의 체내에 콩을 받아들이는 것을 용납할 수가 없었을 겁니다.

　그렇기 때문에 집안에 제비를 들여서는 안 되었던 겁니다. 몸속에 넣어서는 안 되는 것이 콩이라면, 집안에 들여서는 안 되는 것이 제비인 셈입니다. 그 이유는 제비가 철따라 이동하고(그 이동은 봄을 알린다는 플러스적인 면도 갖지만), 물과 매우 친숙하며 죽음의 영역에 가까운 무서운 탐욕을 가진 악마적인 동물이기도 하다는 데 있습니다.

　수중의 세계와 뭍의 세계를 이어주는 매개자로서 신화 속 제비는 중요한 역할을 해왔습니다. 하지만 서양 철학의 기원을 이룬 피타고라스의 철학에서는 제비를 허용해서는 안 되는 존재로 간주했습니다. 피타고라스는 신화의 사고법과 많은 공통점이 있는 사고를 전개시켰지만, 동시에 신화의 신용을 실추시킨 최초의 서구철학자이기도 합니다. 피타고라스는 경첩과 같은 작용을 했던 셈입니다. 이쪽에는 근대의 순수주의와도 통하는 성격이, 반대쪽에는 신화 세계의 광활한 대지가 펼쳐져 있습니다. 그렇다면 입춘에 콩을 던지는 관습이 그러하듯이, 이것이야말로 불러들이면서 동시에 몰아내는 이중적인 성격을 나타냅니다. 그토록 콩을 싫어했던 피타고라스가 바로 입춘에 사용되던 콩과 동일한 역할을 했던 셈입니다. 바로 이것이 신화적 사고가 갖는 심오함입니다.

Nakazawa Shinichi
Kodansha : Cahier Sauvage Series No.1

III

신화로서의 신데렐라

Nakazawa Shinichi
Kodansha : Cahier Sauvage Series No.1

신데렐라는 전세계에 분포되어 있는 신화다

연석에 얽힌 전승은 유라시아 대륙의 동쪽 끝과 서쪽 끝에 거의 같은 내용으로 전해 내려오고 있습니다. 이런 경우 다양한 가설을 세우는 것이 가능합니다. 하지만 극동에서 최초로 기록된 연대가 매우 이르다는 점과 아시아에서의 분포 지역이 광범위하다는 점, 그리고 유럽에서의 전승 형태가 극단적일 정도로 소박하다는 점 등을 고려해 보면, 이 전승의 원형에 해당되는 것을 중석기 시대에 즈음해서 이야기한 사람들이 있었으며, 그것이 사람들의 이동이나 구전에 의해 대륙의 동과 서의 끝으로까지 퍼져서 남게 되었다는 가설에도 충분한 설득력이 있다고 나는 생각합니다.

　우리는 이제부터 연석 전승과 똑같은 성격을 가진 또 하나의 신화적 사고의 '잔해'를 조사함으로써, 이 책의 목적인 전세계에 분포되어 있는 신화의 본질에 접근해 보고자 합니다. '잔해'라고 했지만 이 '잔해'는 매우 아름답고 훌륭한 형태를 갖추었습니다. 경우에 따라서는 중석기 시대에 이야기된 것으로 추측되는 '원형'보다도 훨씬 더 완성도가 높은 훌륭한 형태를 갖추고 있습니다. 오늘날까지 전해 내려오는 것은 '원형'이 갖고 있었을 신화로서의 성격을 잃었기 때문에 '잔해'라는 표현을 했지만, 거기에는 신기할 정도로 완벽하게 고대적인 성격이 보존되어 있습니다. 우리는 나중에 이 '원형'을 복원하려는 시도도 해보려고 하는데, 그때가 되면 이 아름다운 '잔해'가 갖는 신비스러움에 새삼 감명을 받게 될 겁니다. 그런데 그 '잔해'란 바로 우리에게도 매우 친숙한 '신데렐라' 이야기입니다.

신데렐라 이야기는 누구나 아는 이야기일 겁니다. 신데렐라 이야기는 월트 디즈니에 의해 애니메이션으로 만들어져 세계적으로 히트했기 때문에, 애니메이션으로만 알고 있는 사람도 많습니다. 그러나 디즈니가 애니메이션으로 만들기 이전부터 이 이야기는 잘 알려져 있었습니다. 디즈니가 원작으로 참고한 것은 나중에 자세히 다루게 될 프랑스의 샤를 페로Charles Perrault의 동화집에 나오는 것입니다. 그러나 페로판Perroault版 이전부터 서구에는 여러 형태의 신데렐라 이야기가 전해 내려왔으며, 또한 유라시아 대륙의 거의 모든 지역에서 다양한 변형이 이루어진 이야기들이 전승되어 왔습니다. 그런 이야기들 중에는 근세에 이르러 포르투갈이나 스페인 사람들이 항해에 의해 전해준 게 틀림없을 것으로 보이는 것도 몇 가지 있지만, 인도네시아나 뉴기니나 중근동中近東에 전승되고 있는 것은 단순한 이식移植으로는 이해할 수 없는 면을 포함하고 있습니다.

게다가 무엇보다도 미나카타 구마구스가 밝힌 바에 의하면, 『다케토리 모노가타리』가 쓰여진 것과 거의 비슷한 시기(9세기)의 중국에 이미 신데렐라 이야기가 전승되고 있었습니다. 이런 변형된 이야기들의 구조를 조사해나감으로써 우리는 이 이야기의 깜짝 놀랄 정도의 '깊이'에 도달하게 됩니다. 그것은 약간 등골이 오싹해질 정도의 '깊이'입니다. 그리고 거기까지 이야기하게 되면, 전세계에 분포되어 있는 이러한 신화가 갖고 있는 중석기적 본질이라는 것을 조금은 이해할 수 있게 되지는 않을까 생각합니다.

이 신데렐라 이야기는 결국은 동화나 애니메이션으로 만들어지기도 했는데, 그러기까지에는 참으로 기나긴 내력이 있습니다. 신데렐라 이야기에는 매우 다양한 형태가 있습니다. 이 이야기는 특히 유럽에서 특수한 형태로 발달했습니다. 최초의 문자 기록은 1630년대에 이탈리아에서 이루어졌으며, 『고양이 신데렐라』라는 이야기가 이탈리아에서 소설화되었습니다. 이것은 민간에서 전승되어온 민담을 소설로 만든 것입니다.

이 소설로부터 많은 영향을 받아 프랑스의 루이 14세의 왕실에 있던 샤를 페로라는 시인이 1695년에 『페로 동화집』을 간행합니다. 이 동화집은 샤를 페로가 프랑스의 민간에서 전승되던 이야기를 루이 왕의 궁정에 어울리도록 고상한 내용으로 바꾸어 만든 것입니다. 이것이 유럽에서 최초로 유명해진 신데렐라 이야기이므로, 우선 이 이야기의 내용을 상세하게 검토하기로 합시다.

'상드리용 또는 작은 유리구두'

신데렐라는 프랑스에서는 '상드리용'으로 불리는데, 이 이름에는 깊은 상징적 의미가 내포되어 있습니다. 실제로 이야기 중에도 나오지만, 이 소녀는 '재투성이 엉덩이의 아이'라는 의미의 '큐상드롱'이라는 이름으로 불리기도 합니다. 이것은 매우 저속한 단어로, 창부를 욕할 때 '네 엉덩이는 재투성이다'라는 의미로 사용되기도 합니다. 상드리용은 '재투성이'라는 의미입니다. 이 이름은 단순히 이 소녀가 더러운 부엌일만 해야 했다는 걸 의미할 뿐만 아니라 재가 있는 장소, 즉 '아궁이'라는 것이 갖는 신화적인 의미를 환기시키려는 의도를 내포하고 있습니다. 왜냐하면 이 이야기에서는 '요리용 불'이 매우 중요한 역할을 하고 있기 때문입니다.

'상드리용 또는 작은 유리구두'

옛날 옛날에 어떤 남자가 있었는데, 세상에 둘째 가라면 서운할 정도로 자만심이 강하고 잘난 척하는 여자를 두 번째 아내로 맞이했다. 여자에게는 성격이 하나에서 열까지 자신을 빼다 박은 두 딸이 있었다. 두 딸을 데리고 재혼한 것이다. 남자에게도 전처와의 사이에 낳은 어린 딸이 있었다. 그런데 이 딸은 전혀 달랐다. 무척 마음씨가 곱고 상냥한 아이로, 그런 마음씨는 낳아준 엄마한테서 물려받은 것이었다. 그 엄마 역시 마음씨 곱기로 소문난 여자였기 때문이다.

결혼식 피로연이 끝나자마자 계모는 본색을 드러내기 시작했다. 계모는 사랑스러운 자태를 한 이 전처의 딸의 고운 심성을 참을 수가 없었다. 왜냐하면 전처의 딸의 마음씨가 고울수록 자신의 두 딸이 더욱 고약하게 보이기 때문에 그녀를 미워하는 마음은 더해갈 뿐이었던 것이다. 계모는 이 딸에게 집안의 모든 힘든 일을 시켰다. 그릇과 테이블을 반짝반짝하게 닦는 일에다가, 계모의 방과 두 딸의 방바닥을 반짝반짝하게 닦는 일까지. 그녀는 형편없는 지붕 밑 방의 조잡한 밀짚 이불에서 잤지만, 두 자매는 최신 유행의 예쁜 이불을 덮고 잤다. 방바닥에는 상감이 새겨져 있으며, 머리끝에서 발끝까지 전부 보이는 커다란 전신 거울이 달려 있었다. 불쌍한 소녀는 어떤 경우에도 참을성이 매우 강해 아버지에게 이르거나 하지는 않았다. 말하면 틀림없이 딸 걱정을 했겠지만, 지금으로서는 계모가 완전히 아버지를 휘어잡고 있었던 것이다. 일이 끝나면 그녀는 종종 굴뚝이 있는 구석에 가서 타다 남은 불이나 재 속에 웅크리고 있었다.

그래서 그녀는 '큐상드롱(재투성이 엉덩이의 아이)' 이라는 별명으로 불렸다.

두 자매 중에서도 동생은 언니만큼 말이 거칠거나 버릇이 없거나 하지는 않았지만, 그래도 그녀를 '상드리용(재투성이)' 이라고 불렀다. 상드리용은 초라한 차림을 하고는 있었지만, 그래도 이 두 자매보다는 몇 백 배나 아름다운 아가씨였다. 그 두 자매는 항상 고급스런 드레스를 입고 있었는데도 말이다.

어느 날 왕자님이 무도회를 열어 옷맵시가 고운 사람들을 초대하게 되었는데, 이 집의 딸들도 초대받게 되었다. 그녀들은 상류계급 사이에서도 특히 유난스러운 존재였기 때문이다. 딸들은 초대받은 것을 매우 기뻐하며, 자신에게 어울리는 가운이나 페티코트나 머리 장식을 고르느라 법석을 떨었다. 이것이 또한 상드리용에게는 새로운 고민거리였다. 그녀들의 속옷을 다림질하고 드레스에 멋진 주름을 잡거나 하는 것은 전부 상드리용의 일이었기 때문이다. 그녀들은 하루 종일 어떤 차림을 하고 갈 것인가에 대해서만 이야기하고 있었다.

"나는 프랑스풍의 가장자리 장식이 달린 빨간 벨벳 슈트를 입고 갈 거야" 하고 언니가 말하자, 여동생은 "난 항상 입던 페티코트로 만족하기로 했어. 하지만 그 대신에 황금색 꽃이 달린 망토를 걸치고 다이아몬드가 달린 가슴 장식을 달아야겠어. 온 세상을 다 뒤져도 이렇게 특별한 장식은 없을 걸" 하고 말한다.

가까운 마을에서 단장을 잘 시키기로 소문난 사람을 불러와 머리 장식을 만들게 하기도 하고, 모자를 예쁘게 씌우게 하기도 하고, 또한 빨간 깃털 장식이나 가짜 점을 세련된 여성 장신구점에서 주문

해오기도 했다. 상드리용도 자매에게 불려가서 이런 모든 것에 대한 의논 상대가 되어 주었다. 왜냐하면 상드리용은 이런 것에 대해서도 매우 조예가 깊어, 자매에 대한 그녀의 권유는 항상 적절했기 때문이다. 그보다도 오히려 자매 쪽에서 상드리용이 머리를 빗겨 나 하는 일을 해주기를 원했다. 상드리용이 머리를 빗겨 주고 있는데 두 사람이 그녀에게 말했다. "상드리용, 무도회에 갈 수 있는 게 기쁘지 않아?" "어머, 무슨 말을 하는 거예요? 놀리지 마세요. 나 같은 사람이 어떻게 무도회에 갈 수가 있겠어요?" 이 말을 받아 자매는 말했다. "하긴 그렇군. 무도회에 재투성이인 네가 나타나게 되면 모두 웃음을 터뜨릴 거야."

자매의 곱슬머리를 곱게 빗을 수 있는 사람은 상드리용 이외에는 없었다. 그녀는 두 사람의 머리를 멋지게 빗겨 주었다. 두 사람은 초대받은 기쁨에 들떠 있어 거의 이틀 동안이나 아무 것도 먹지 않고 지냈다. 어떻게든 날씬하고 예쁘게 보이기 위해서 몸을 꽉 조이려고 하는 바람에 끊어져버린 끈의 수가 족히 열 개는 넘었다. 그리고 거울 앞에서 떠나려 하지 않았다. 드디어 행복한 날이 찾아왔다. 자매는 궁전을 향해 떠났다. 집을 나서는 두 사람을 눈으로 좇다가 그 뒷모습마저 보이지 않게 되자 상드리용은 갑자기 울음을 터뜨렸다.

그녀를 몰래 지켜보고 있던 대모代母인 요정은 상드리용이 계속 울고 있는 모습을 보더니 도대체 어찌 된 일이냐고 물었다.

"나도 가능하면, 가능하면…." 상드리용은 자꾸만 흘러나오는 눈물로 목이 메어 그 다음 말은 잇지를 못했다. 어머니 대신에 그녀를 지켜봐 왔던 이 요정은 말했다. "너도 무도회에 가고 싶은 게로구나?" "네." 한숨 섞인 목소리로 상드리용은 간신히 대답했다. "그럼 가만히 있어 봐라. 네가 갈 수 있도록 내가 어떻게든 해보마." 요정은 이렇게 말하더니 그녀를 방으로 데리고 갔다. "자, 서둘러서 밭으로 가서 호박 하나를 따오도록 하거라."

상드리용은 곧바로 달려가서 가장 먹음직스러운 호박을 갖고 요정 곁으로 돌아왔다. 하지만 호박 같은 것으로 무도회에 갈 수 있게 되리라고는 도저히 생각할 수가 없었다. 요정이 호박의 속을 숟가락으로 완전히 파내자 겉껍질만 남았다. 그 일이 끝나자 마술지팡이를 한번 휘둘렀다. 그러자 순식간에 호박은 금빛으로 빛나는 훌륭한 마차로 변했다.

그리고 나서 요정은 자신의 쥐덫을 보러 갔다. 쥐가 산 채로 여섯 마리나 잡혀 있었기에, 상드리용에게 쥐덫의 뚜껑을 조금만 밀어 올리라고 했다. 한 마리 한 마리 밖으로 나오는 쥐에게 마술지팡이를 다시 휘두르자 쥐는 눈 깜짝할 사이에 훌륭한 말로 변해, 아름다운 쥐색에 반점이 있는 전부 해서 여섯 마리의 최고급 마차용 말이 되었다. 그러나 마부가 없어서 우왕좌왕 하고만 있었다. "제가 시궁쥐의 덫을 보고 올게요. 만약 시궁쥐가 있으면 그걸 마부로 만들어 주세요" 하고 상드리용이 말하자 요정이 대답하기를, "그렇지, 네 말이 맞다. 가서 찾아오너라" 하고 말했다. 상드리용은 설치해 놓았던 덫을 갖고 왔다. 안에는 커다란 시궁쥐가 세 마리 걸려 있었다. 요정이 세 마리 중에서 가장 멋진 수염이 달린 한 마리를 골라서 꺼내, 마술지팡이를 한 번 휘두르자 시궁쥐는 뚱뚱하고 쾌활한, 그리고 이제까지 본 적이 없을 정도로 멋진 수염의 마부로 변했다.

이어서 그녀는 상드리용에게 말했다. "한 번 더 뒷밭에 다녀와라. 물통 옆에 도마뱀이 여섯 마리 있을 테니 그걸 이리 가져오너라."

상드리용이 즉시 요정이 시키는 대로 하자, 요정은 도마뱀을 여섯 명의 하인으로 만들었다. 그들은 금은으로 장식한 똑같은 하인용 제복을 몸에 걸치고, 이제까지 다른 일은 한 적이 없다는 듯이 매우 능숙한 모습으로 서로 딱 붙어서 마차의 뒤를 따라 달리기 시작했다. 그리고 나서 요정은 상드리용에게 말했다. "자 봐라, 무도회에 가기에 어울릴 만한 마차가 완전히 갖추어졌다. 마음에 드니?" "네, 물론이에요. 하지만 저걸 타고 나는 이런 모습으로 가야 하나요? 이런 더럽고 낡은 옷을 입고?"

요정이 마술지팡이로 상드리용을 툭 치자 그녀가 입고 있던 옷은 눈 깜짝할 사이에 보석이 잔뜩 박혀 있는 금실과 은실로 짜인 드레스로 변했다. 옷이 갖추어지자 요정은 상드리용에게 세계에서 가장 아름다운 유리구두를 주었다. 이렇게 해서 아름다운 치장이 끝나자 상드리용은 마차에 올라탔다. 이때 요정은 상드리용에게 아주 중요한 주의사항을 말했다. "자정이 넘어서까지 무도회에 있어서는 안 된다. 자정을 약간이라도 넘기면 마차는 원래 모습인 호박으로 돌아가고, 말도 전부 원래 모습인 생쥐로, 마부도 시궁쥐로, 하인도 도마뱀으로 돌아가 버리고, 그리고 상드리용, 너의 드레스도 원래의 더럽고 낡은 스커트로 돌아갈 것이다."

상드리용은 요정에게 반드시 자정이 되기 전에 무도회에서 돌아오겠다고 약속했다. 그리고 기쁨으로 가슴이 터질 것 같은 심정으로 마차를 타고 달려갔다. 누구인지 전혀 알 수 없는 멋진 공주가 왔다는 말을 들은 왕자는 공주를 맞이하기 위해 달려나갔다. 왕자는 마차에서 내리는 공주를 에스코트해서, 사람들이 모두 모여 있는 홀로 안내했다. 그러자 순식간에 홀은 조용해졌다. 사람들은 춤추기를 중단하고 바이올린 연주자는 손을 멈췄다. 모두 하나같이 느닷없이 나타난 이제까지 본 적도 없을 정도로 아름다운 공주가 도대체 누구인지를 골똘히 생각했다. 들리는 거라고는 놀라움의 목소리와, 도대체 누구일까 하고 의아해하는 목소리뿐이었다. "참으로 아름다운 공주로군. 정말로 아름다워."

나이 많은 임금님조차 공주를 뚫어지게 쳐다보지 않을 수 없었다. 그리고는 옆에 있던 왕비에게 이토록 아름답고 귀여운 여성을 보는 것은 참으로 오랜만이라고 작은 소리로 말했다. 무도회에 초대받은 여성들은 모두 상드리용의 드레스나 머리 장식에 대한 비평을 하느라고 정신이 없었다. 저 정도로 고급스런 천과 재봉 솜씨를 가진 재봉사를 찾게 되면, 내일이라도 똑같은 디자인으로 자신의 드레스를 만들게 하리라고 생각했기 때문이었다.

그런가 하면 왕자는 그녀를 주빈석으로 데리고 가서 그 뒤에서 함께 춤을 추었다. 그녀의 춤은 더할 나위 없이 우아해서 사람들은 더욱 그녀를 격찬했다. 가벼운 식사도 나왔지만 왕자는 단 한 입도 목으로 넘길 수가 없었다. 그저 뚫어지게 공주를 쳐다보고만 있었기 때문이었다. 상드리용은 자신의 자매 곁으로 가서 함께 앉아 정중하게 인사를 나누었다. 그리고 왕자님이 그녀에게 준 오렌지와 레몬을 나누어 주자 그녀들은 매우 놀란 표정을 지었다. 그녀들은 그녀가 누구인지 알아볼 수가 없었기 때문이다. 이렇게 해서 상드리용은 자신의 자매를 즐겁게 해주고 있었는데, 그때 시계가 11시 45분을 울리는 소리가 들렸다. 그러자 그녀는 황급히 일어나서 모두에게 정중하게 인사를 하고 그리고 거의 뛰다시피 서둘러서 떠나갔다.

집에 돌아와서 상드리용은 요정을 찾았다. 요정에게 감사하다는 말을 하더니 그녀는 될 수 있으면 다음 날 밤에도 무도회에 가고 싶다고 털어놓았다. 왕자님이 꼭 와달라고 했다는 것이다.

상드리용이 요정에게 무도회에서 있었던 일을 열심히 이야기하고 있는데, 두 자매가 문을 두드리는 소리가 났다. 상드리용은 달려가서 문을 열었다.

"어머, 많이 늦었었네." 마치 방금 잠에서 깬 듯이 하품을 하기도 하고 눈을 비비기도 하면서 그녀는 말했다. 물론 그녀들이 나가고 나서 자고 싶은 마음은 조금도 들지 않았지만. "만약 네가 무도회장에 있었다면 따분하거나 할 일은 없었을 텐데. 무도회에는 멋지고 아름다운 공주님이 왔었단다. 이 세상 사람이라고는 생각할 수 없을 정도로 아름다운 분이었어. 그 분이 우리에게는 무척 친절하게 대했단다. 오렌지와 레몬을 주시기도 했지 뭐야."

상드리용은 이 말에는 전혀 관심을 보이지 않는 듯했다. 그 공주의 이름을 묻자 그녀들은 모른다고 하더니, 왕자 역시 그 공주에 대해 아무 것도 모르기 때문에 애가 타서 전국에 그 공주가 누구인지를 알아보라고 영을 내릴 거라고 말했다. 그 말을 듣더니 상드리용은 미소를 지으며 이렇게 말했다. "어머, 그렇다면 그 공주님은 정말로 아름다운 분이었나 보네. 그런 분을 볼 수 있었다니 정말 부러워. 나도 한 번이라도 볼 수 있을까? 참, 샤롯트 언니, 언니가 평소에 입는 노란 드레스를 나에게 빌려주지 않을래요?" "내 드레스를 너 같은 재투성이 아이에게 빌려주다니! 바보가 아니고서야 어떻게 그런 짓을 할 수 있겠니?"

상드리용은 사실은 아마 그런 대답이 돌아올 거라고 생각했기 때문에 거절당해서 오히려 다행이라고 생각했다. 농담으로 부탁한 드레스를 정말로 빌려주면 싫어도 그걸 입어야만 하기 때문이다.

다음 날 두 자매는 무도회장을 향해 떠났다. 상드리용 역시 출발했는데 이번에는 더욱 멋진 차림을 하고 갔다. 왕자님은 그녀 곁에서 한시도 떠나지 않고 끊임없이 그녀를 격찬하는 말을 계속 늘어놓았다. 왕자님의 말은 아무리 들어도 질리지 않았기 때문에 상드리용은 요정의 충고를 그만 깜박 잊고 말았다. 그래서 아직 11시일 거라고 생각했던 시계가 12시를 울리는 소리를 들었을 때 상드리용은 일어서서 마치 아기 사슴처럼 재빠른 동작으로 달아나 버렸다. 왕자는 뒤쫓아갔지만 그녀를 붙잡을 수는 없었다. 그녀는 그때 그만 유리구두 한 짝을 떨어뜨리고 말았는데, 왕자가 그걸 소중한 듯이 주웠다. 숨을 헐떡이며 집에 도착하자, 아름다운 치장은 하나도 남지 않고 원래의 더러운 옷으로 돌아가 버린 상태였다. 떨어뜨린 구두의 다른 한 짝인 작은 유리구두만 남아 있었다. 궁전의 수문장은 공주를 보지 못했느냐는 물음에 이렇게 대답할 뿐이었다.

"더러운 차림을 한 소녀가 한 명 지나갔을 뿐, 그 외에는 아무도 보지 못했습니다. 그 소녀는 아무리 봐도 가난한 시골 처녀였지 훌륭한 부인의 차림은 아니었습니다."

두 자매가 집으로 돌아오자 상드리용은 즐거웠느냐고 묻더니, 그 훌륭한 부인도 또 무도회에 왔었느냐고 물었다. "그래, 왔었지. 그런데 공주님은 12시가 울리자 당황해서 달아나 버렸어. 너무 급히 가느라고 세계에서 가장 아름답고 귀여운 유리구두 한 짝을 떨어뜨리고 말았지 뭐야. 왕자님이 그걸 주웠지만. 왕자님은 무도회 내내 공주님만 보고 있었단다. 그 유리구두의 주인인 아름다운 분을 사랑하고 계시는 게 틀림없어."

그녀들의 말은 맞았다. 그로부터 며칠 후에 왕자는 트럼펫 소리로 영을 내려 그 구두에 딱 맞는 발을 가진 여성과 결혼하겠다고 선언한 것이다. 왕자의 영을 받은 신하가 공주들과 공작 부인, 그리고 궁정 사람들 모두에게 구두를 신어 보게 했지만 발이 맞는 사람은 한 명도 없었다. 구두는 두 자매의 집으로도 오게 되어, 두 사람은 어떻게든 발을 구두에 넣어 보려고 했지만 소용이 없었다. 이 모습을 내내 지켜보며, 그것이 자신의 구두라는 걸 알고 있는 상드리용은 웃으면서 두 사람에게 이렇게 말했다. "내가 한번 신어 볼게요."

두 자매는 웃음을 터뜨리더니 그녀를 놀리기 시작했다. 구두를 신겨 보기 위해 온 신사는 상드리용의 얼굴을 뚫어지게 보더니 그녀가 매우 아름답기도 하고 누구든 구두를 신어 보게 하라는 명령을 받았기 때문에 상드리용에게도 신어 보라고 했다.

그 신사가 상드리용을 의자에 앉히고 구두를 발에 신겨 보자, 너무도 간단히 쑥 들어가 마치 맞추기라도 한 듯이 그녀에게 딱 맞는 것이었다. 두 자매의 놀라움은 상당한 것이었지만, 상드리용이 주머니에서 다른 한 짝의 구두를 꺼내서 신어 보였을 때의 충격은 그에 비할 바가 아닐 정도로 컸다. 그때 이제까지 어머니 대신에 상드리용을 보살펴 주던 요정이 나타나, 마술지팡이로 상드리용의 옷을 툭 치자 이제까지보다도 더욱 화려하고 멋진 드레스로 변했다.

두 자매는 그때서야 상드리용이 무도회에서 본 그 훌륭한 부인이라는 것을 깨달았다. 두 사람은 상드리용의 발 밑에 엎드려 이제까지 자신들이 그녀에게 가혹하게 대한 것에 대해 용서를 빌었다. 상드리용은 두 사람의 손을 잡아 일으켜 끌어안으면서 자신도 울며 진심으로 그녀들을 용서한다고 하더니, 앞으로는 언제까지고 자신을 사랑해 달라고 말했다.

그 차림 그대로 상드리용은 왕자 곁으로 인도되어 갔다. 왕자는 그녀를 전보다도 더욱 아름답다고 생각했으며, 그로부터 며칠 후에 두 사람은 결혼을 했다. 아름다울 뿐만 아니라 마음씨도 고운 상드리용은 두 자매에게 궁전 안에 거처할 곳을 마련해주고, 그날로 당장 훌륭한 영주와 짝을 지어 주었다. (앨런 던데스Alan Dundes 편, 『신데렐라Cinderella: a case book』)

이처럼 해피 엔드로 끝나는 이야기입니다. 루이 14세의 궁정에서 낭독되었던 만큼 그에 어울리는 고상한 내용입니다. 이것만 보게 되면 원래 고대의 신화에서 파생된 이야기라고는 도저히 생각할 수 없을 정도지만, 이야기의 내용을 세밀하게 파헤치고, 나아가서는 서민들의 세계에서 이야기되던 같은 형태의 이야기를 분석해 감에 따라 차츰 신화로서의 본질이 밝혀질 겁니다.

모든 것은 결손으로부터 시작된다

이 페로판 신데렐라에 대해 이미 세밀한 분석을 시도한 연구자가 있으므로, 우선 그 사람의 분석을 보기로 하겠습니다(표는 134쪽 참조). 어떤 이야기에도 서두의 상황이라는 것이 있습니다. 모든 신화와 민화에서 이 서두의 상황이 중요합니다. 그런 상황에는 반드시 어떤 결손 상태가 포함되어 있기 때문입니다. 그리고 어떤 이야기든 이 결손 부분을 메우기 위해 모험이 시작됩니다. 이 신데렐라의 서두 부분에는 이야기가 전개되어 가는 원인에 해당하는 복잡한 인간관계가 설정되어 있습니다. 분명하게 나와 있지는 않지만, 어머니는 죽고 없어도 상드리용과 아버지 사이에는 애정으로 충만된 관계가 유지되고 있는 것처럼 보입니다. 아버지는 전처의 아이인 상드리용을 여전히 사랑하고 있습니다.

거기에 사악한 계모가 개입합니다(아버지가 어떻게 해서 이 사악한 계모를 좋아하게 되었는지는 모르지만, 이것을 설명하기 위해서 민화는 "결혼식까지는 순종적이었지만 일단 자신이 부인의 위치에 오르게 되자 태도가 돌변했다", "아버지는 어쩔 수 없이 결혼했다"는 식의 변명을 하고 있습니다). 아버지와 사악한 계모 사이는 어땠는지 잘 모르기 때문에, (?)의 관계로 되어 있습니다. 이것은 어머니의 결손과 사악한 계모의 등장이 반드시 필요하고 그것을 중개하는 것은 아버지의 재혼 이외에는 없기 때문에 이렇게 설정되어 있을 뿐으로 아버지의 심정은 아무래도 상관없기 때문입니다.

그런데 이 사악한 계모에게는 사악한 딸이 있었습니다. 사악하고 허영심으로 가득 차 있고 게으르고 못생겼으며, 청결을 좋아하고 높은 지위를 갈망하는 여성입니다. 이 의붓자매와 상드리용 사이는 결정적으로 (－)의 관계입니다. 즉 사악한 계모는 상드리용을 부엌으로 내쫓았고, 이 두 자매는 상드리용을 무척이나 함부로 대했습니다. 이와 같이 인간관계에 있어서 상드리용에게는 여러모로 결손 부분이 많다는 것을 알 수 있습니다. 우선 어머니를 잃었습니다. 그리고 아버지의 애정을 반쯤은 잃어가고 있습니다. 계모와 자매는 그녀를 적대시하고 있습니다.

민화에는 "두 사람은 오랫동안 행복하게 살았습니다"라는 식으로 최종적인 상황이 서술되어 있습니다. 이것은 왕자와 상드리용 사이에 실현되는 (+) 관계를 나타냅니다. 두 사람은 축복을 받으며 결혼하게 됩니다. 상드리용의 성격은 사악한 의붓자매와는 대조적으로, 선량하고 겸허하며 그리고 아름답고 청결합니다. 최종적으로는 높은 지위에 오르지만, 상드리용이 맨 처음에 처해 있던 위치는 매우 낮았습니다. 사회적으로 가장 낮은 지위로 간주되는 '아궁이' 옆에 있는 셈이지만, 마지막에는 왕자와 인연을 맺게 됩니다.

신데렐라 스토리의 사회적 기능

그런데 이 신데렐라 이야기에는 최종적인 목적이 있습니다. 그 목적은 분명히 사회적 기능에 있는데, 그것은 곧 가장 높은 것과 가장 낮은 것을 중개에 의해 연결시키는 것입니다. 이야기의 발단에서는 높은 것과 낮은 것이 철저하게 분리되어 있습니다. 이 시대의 유럽에서 높은 것이란 곧 임금님이나 귀족과 같이 사회적으로 높은 계급을 부여받은 사람들을 의미합니다. 반대로 낮은 지위의 사람들은 부엌일을 하는 여자들입니다. 그러나 더 아래가 있습니다. 시궁쥐나 도마뱀이나 호박처럼 자연 속에 있는 것이 가장 낮은 위치에 놓여 있습니다.

최초의 상황에서는 사회적인 높낮이가 철저하게 분리되어 있습니다. 이것은 그 당시의 현실이기도 했습니다. 사회적인 계급제도를 토대로 구축된 봉건적인 신분제도가 고정된 상태로 존재했고, 지위가 높은 자와 낮은 자 사이의 매개체가 없는 상태가 이야기의 발단에 해당하는 상황을 만들었으며, 그것이 동시에 사회적 현실이기도 했습니다.

이 신데렐라 이야기를 민간에서 전승하던 사람들은 샤를 페로 동화의 독자와는 달리 모두 서민들이었습니다. 서민들은 모두 다 자신이 살아 있는 동안에 사회적으로 높은 지위에 오를 가능성이 없는 사람들입니다. 이것은 누구나 느끼고 있던 사회적인 모순입니다. 사회가 계급의 높낮이에 의해 구성되어 있으며, 그리고 지위가 낮은 자가 지위가 높은 자들의 세계에 도달할 수 없는 사회로 인식되었습니다.

그런데 끝 부분에서 신데렐라의 결혼에 의해 사회적으로 매우 지위가 낮은 사람(아궁이 옆에 있던 사람)이 높은 지위(왕비)에 오르고, 반대로 말하면 높은 지위에 있던 왕자님이 지위가 낮은 사람과 맺어지는 상황이 벌어지고 있는 셈입니다. 매개 또는 중개가 일어난 거죠.

기능부전을 일으키고 있는 봉건 사회에는 대립하고 있는 두 개의 가치가 있으며, 이 두 가치가 분리되어 있습니다. 민화는 중개기능을 도입함으로써 지위가 높은 자와 낮은 자가 결합하는 상황을 만들고 있습니다. 유럽의 거의 모든 민화에서 해피 엔드로 끝날 때는 결혼이 성사되는데, 이 결혼이 사회적인 의의를 갖기 위해서는 우선 사회적인 분리가 설정되어 있어야만 합니다. 그것이 설정되어 있어야만 결혼이 중요한 의미를 갖게 되는데, 현대의 사회적 불균형은 돈을 얼마나 갖고 있느냐에 따라 결정되기 때문에, 신데렐라 이야기에서와 같은 행복감은 좀처럼 맛보기 힘들게 되었습니다. 다이애나 공주가 찰스 황태자와 결혼했을 때 전세계의 사람들이 열광했는데, 그 정도로 사람들은 지금도 순수한(돈에 의해서만 결정되지 않는) 사회적 중개의 출현을 기다리고 있다는 것을 잘 알 수 있습니다.

이런 식의 민화를 통해 사회는 현실적으로는 해결할 수 없는 자체적인 모순에 대해, 적어도 관념의 세계 안에서라도 해결책을 제시해 보려 했던 것입니다. 신데렐라 이야기는 그것을 상상력 속에서 실현시키려고 했지만, 그 배후에서 작용하고 있는 것은 하나의 논리적인 프로세스였다는 걸 알 수가 있습니다.

모순이 해소되는 과정

중요한 것은 중개기능으로, 신화나 민화에는 중개기능을 하는 다양한 형태의 것들이 등장하게 됩니다. 오히려 이런 중개기능만이 신화나 민화의 최대 관심사였다고 할 수 있을 정도입니다. 신데렐라에게 중요한 것은 그녀가 항상 '아궁이' 근처에 있는 불행한 소녀였다는 것이며, '아궁이'는 산 자와 죽은 자의 세계를 중개하는 장소이며, 바로 이렇게 중개기능을 하는 것이 있기 때문에 죽은 어머니의 영혼을 연상시키는 '대모代母 요정'의 출현도 가능한 것입니다.

대모 요정은 이 이야기의 결말 부분에서 결혼이라는 형태에 의해 실현되는 사회적인 지위가 높은 자와 낮은 자의 결합을 미리 실현시켜 버릴 수 있는 능력도 갖고 있습니다. 요정은 부엌에서 일하는 여자들보다도 더 지위가 낮은 것으로 여겨지는 시궁쥐나 도마뱀 같은 동물, 혹은 호박 등의 야채를, 마술지팡이를 한 번 휘두르는 것으로, 아름다운 마차나 마부나 말로 변신시키는 마법을 부릴 수가 있습니다. 그렇다면 민화에서의 '마법'은 그것이 실제로 존재하는지 여부가 중요한 것이 아니라, 중개기능을 하는 적당한 수단으로서의 의미밖에 없다는 것을 알 수 있습니다.

샤를 페로의 이 이야기에는 민화의 기본적인 구조가 넘치지도 모자라지도 않을 정도로 매우 적절하게 표현되어 있다는 것을 알 수 있습니다. 중개기능을 발휘해서 현실 세계를 이루고 있는 불균형한 것들 사이에 잠시나마 조정이 이루어진 듯한 상태를 만들어 보는 데에 초점이 있는 셈입니다. 어느 시대에나 사회는 이런 것을 필요로 하고 있습니다. 현실 세계에서는 해결할 수 없는 모순을 화려한 장치를 통해서 환상적으로 해결해 보이려고 하는 다양한 기구가 발달되어 있습니다. 예전에는 민화가 그런 역할을 했습니다.

현대에는 이러한 기능을 지나칠 정도로 발달한 '연예계'가 수행하려고 합니다. 현대의 연예계는 사회적인 지위에 전환을 일으키는 장소로서 사람들의 관심을 끌고 있습니다. 연예계에서는 계속해서 신데렐라가 만들어지고, 결혼에 과대한 의미가 부여되어 상승과 하락이 극적으로 뒤바뀌어 갑니다. 이제는 사회의 모든 가치가 전환을 일으키는 '아궁이'는 청결하고 합리화된 부엌에는 존재하지 않고 욕망이 들끓는 연예계에 존재하게 된 셈인데, 그런 연예계에 작동하고 있는 사고의 프로세스는 상상을 초월할 정도로 머나먼 옛날과 조금도 다를 바가 없다는 점에 놀라지 않을 수 없습니다.

Nakazawa Shinichi
Kodansha : Cahier Sauvage Series No.1

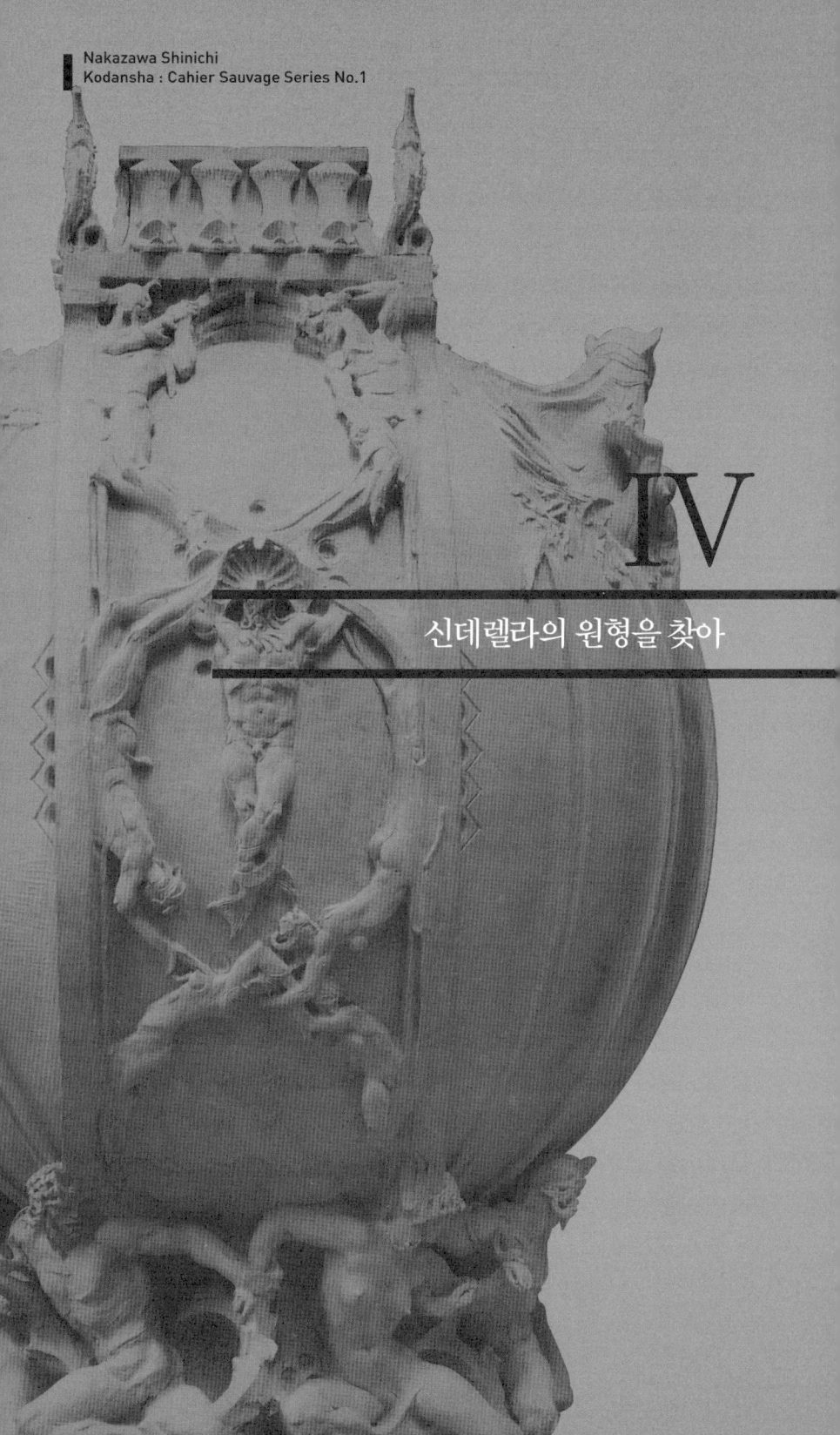

IV

신데렐라의 원형을 찾아

Nakazawa Shinichi
Kodansha : Cahier Sauvage Series No.1

끊임없는 변형의 프로세스

샤를 페로라는 작가가 쓴 이 신데렐라 이야기는 사실은 바로 앞에서 이야기했듯이, 유럽에의 하나의 고상한 표현 형태에 불과합니다. 실제로 신데렐라 이야기는 현재 채록되어 있는 것만도 450종이 넘습니다. 게다가 전부 각각 형태가 다릅니다. 페로의 작품보다도 더욱 복잡하고 흥미로운 구성으로 이루어져 있습니다.

이처럼 민화는 대부분의 경우에 많은 버전(판版, 이본異本)을 갖습니다. 문자로 기록된 시대가 늦으면 늦을수록 그런 현상이 많이 일어납니다. 신화의 경우도 똑같아, 하나의 신화에는 많은 다른 판들이 존재합니다. '결정적인 판'이라는 생각은 특히 신화의 경우에는 의미가 없습니다. 어떤 민화든 사실은 모두 버전이라 할 수 있으며, 하나 하나 특색을 가진 이본들을 모두 인정해야만 합니다. 이 점은 신화나 민화를 조금만 연구해 보면 이해할 수 있는 것으로, 반드시 어딘가에 변형이 가해지고 변형에 의해 새로운 판을 만들어내는 프로세스는 언제까지나 종결되지 않을 것입니다.

신화적 사고의 가장 중요한 점이 여기에 있습니다. 신화는 서로를 변형시켜서 이루어진 것으로, 이런 방식에 의해 계속해서 새로운 이야기를 만들어갈 수가 있습니다. 이본들끼리 만들어 가는 변형의 프로세스는 전체적으로 거대한 군群을 이루고 있습니다. 어떤 신화든 이 거대한 군 속에서 자기 전개를 이루어 가는 것이 신화의 커다란 특징이며, 이 특징은 약간 다른 조건을 전제로 민화에도 그대로 해당된다고 할 수 있습니다.

왜 신화는 결정판을 만들려는 노력은 하지 않고 언제까지고 변형을 계속했던 걸까요?

그 이유는 여러 가지가 있을 수 있습니다. 많은 신화나 민화는 문자에 의해 기록된 것이 아니라 기억되는 것이었기 때문에 '상연'을 할 때마다 조금씩 변형이 가해졌다는 점도 무시할 수는 없을 겁니다. 그러나 원인은 그것만이 아닐 겁니다. 같은 것을 그대로 반복해도 상관없는데도 어떤 한 사회에서 전승되던 신화가 다른 사회에 전해져 그곳에서 전승되었을 때는 기억의 문제만으로는 설명할 수 없는 과감한 변형이 일어납니다. 전승되는 이야기의 배경이 되는 환경이 변화하면, 신화는 본래 현실을 표현할 뿐 아니라 현실이 해결할 수 없는 모순을 사고 속에서 해결로 유도하려고 하는 것이므로 아무래도 배경이 되는 현실에 맞추어서 변해가야만 하기 때문입니다.

게다가 동일한 사회 안에서도 전승하는 사람들의 관심이 이야기의 어디에 초점을 맞추느냐에 따라서 신화는 자기 변형을 해가게 됩니다. 우리의 일상적인 경험에서도 같은 메시지를 전혀 다른 표현방법으로 전하려고 하는 경우도 있으며, 거의 비슷한 표현에 의해 전혀 다른 메시지가 전달되는 경우도 있습니다. 이런 현상이 신화에서는 더욱 자주, 인상적으로 일어납니다. 그렇기 때문에 동일한 사회 안에 동일한 신화의 다른 버전이 몇 개씩 전승되는 경우가 발생하는 것입니다.

신데렐라 이야기는 신화적 사고에 의해 만들어진 '민화'라는 장르에 속하는 이야기인데, 특히 이 '자기 변형'의 프로세스가 대규모로 그리고 집요하게 반복된 것으로 보입니다. 그것은 이 이야기가 갖고 있는 상상할 수 없을 정도로 오랜 내력을 말해줍니다. 더불어, 그 속에

내장되어 있어서 아직 완전히 표현되지 않은 메시지를 표면으로 끌어내 오기 위해 사람들이 이 이야기에 얼마나 깊은 관심을 갖고 정열을 쏟았는지를 증명해줍니다. 실제로 페로판 같은 것은 유럽 각지에 전승되는 이 이야기군들 중에서 비교적 (메시지 양이) 빈약한 편에 속하는 것으로 여겨집니다.

그림 형제의 「재를 뒤집어쓴 소녀」

그런데 조금 전에도 이야기했듯이 유럽 각지에서 전승되는 신데렐라에 관한 민화는 현재 알려져 있는 것만도 450종 이상의 이본이 존재합니다. 그 중에서 무척 인상적인 것을 하나만 검토해 보기로 하겠습니다. 그림 형제가 19세기 초에 채집한 『그림 형제의 독일 민화집』에 수록되어 있는 「재를 뒤집어쓴 소녀」 이야기입니다.

그림 형제는 독일 민중 사이에 전승되어 오던 민화를 가능하면 이야기되고 있는 현장에서 채집하려고 노력했습니다. 게다가 실제로 농민이나 사냥꾼이나 어부들 사이에서 전승되던 민화를 샤를 페로와 같이 문학적으로 형상화하는 것을 최소한으로 억제하려고 했습니다. 따라서 『그림 형제의 독일 민화집』에 기록된 민화는 실제로 민중 사이에서 전승되던 것에 매우 가까운 이야기가 되었습니다. 샤를 페로의 이야기는 17세기에 기록되었지만, 19세기 초에 기록된 이 이야기가 원형에 더 가까운 원래의 형태를 갖추고 있는 것처럼 느껴집니다. 그러면 그것은 어떤 이야기일까요?

어느 유복한 남자의 처가 병에 걸리게 되었다. 자신의 죽음이 얼마 남지 않았다고 생각한 처는 외동딸을 머리맡으로 불러서 이렇게 말했다. "신을 믿어 착한 아이가 되거라. 그러면 마음이 너그러우신 신이 항상 함께 하며 너를 지켜 주실 테니까. 그리고 나도 천국에서 너를 보고 있을 테니까 말이야. 나는 항상 네 곁에 있는 거야." 그런 다음에 그녀는 눈을 감더니 죽고 말았다. 딸은 다음 날에도 그 다음 날에도 어머니 무덤에 가서 눈물을 흘리며, 신에게 기도해 착한 아이가 되려고 노력했다. 겨울이 되자 무덤 위가 눈으로 새하얗게 뒤덮였다가, 봄이 와서 햇빛이 눈을 녹여 버리자, 남편은 두 번째 아내를 맞이했다.

새로 맞이한 아내는 자신의 두 딸을 데리고 시집왔다. 딸들은 얼굴이 예쁘고 피부도 고왔지만, 마음은 추하고 속이 엉큼했다. 이렇게 해서 전처의 딸에게는 괴로운 나날이 시작되었다. "두 딸은 바보 같은 거위가 우리하고 같이 이 거실에 앉으려고 해"라고 말하기도 했고, "빵을 먹고 싶거든 그만큼의 돈을 스스로 벌어와야지. 자 부엌데기는 나가버려"라고 말하며, 그녀가 입고 있던 예쁜 옷을 벗기고 대신에 낡은 회색 허드레옷과 나무구두를 신겼다. "잘났다고 뻐기는 저 공주님 좀 봐. 저 아가씨가 지금 입고 있는 저 옷 꼴 하고는." 이렇게 말하며 두 딸은 큰 소리로 웃으며 그녀를 부엌으로 데리고 갔다. 전처의 딸은 부엌에서 아침부터 밤까지 힘든 일을 하고, 아침에는 동트기 전에 일어나서 물을 떠오고 불을 지피고, 음식을 준비하고 설거지를 했다. 그뿐만 아니라 두 언니들은 전처의 딸에게 온갖 심술궂은 장난을 하기도 하고 놀리기도 했다. 예를 들면 재 속에 작은 콩을 던져 넣고는 앉아서 그걸 하나씩 줍는 일 같은 걸 시킨 것이다. 일에 지쳐도 그녀에게는 침대조차 없었기 때문에, 난로 옆에 있는 재 속에 웅크린 채 잘 수밖에 없었다. 그래서 항상 검게 그을어 더러운 차림을 하고 있었기 때문에 그녀는 재를 뒤집어쓴 아가씨로 불렸던 것이다.

어느 날 그녀의 아버지는 시내에 갈 일이 생겨, 새 아내가 데리고 온 두 딸에게 선물로 뭘 갖고 싶냐고 물었다. "예쁜 옷을 갖고 싶어"라고 한 딸이 말했다. "진주와 보석" 이라고 또 한 딸이 말했다. "그런데 넌 어떻지? 뭘 갖고 싶은지 말해 보렴." "아버지, 돌아오는 길에 아버지의 모자에 맨 처음에 부딪친 나뭇가지를 꺾어서 나에게 선물로 갖다주세요." 아버지는 예쁜 옷과 진주와 보석을 두 의붓딸을 위해 샀다. 아버지가 집으로 돌아오기 위해 나무가 많은 오솔길을 말을 타고 달리고 있는데 개암나무의 가지가 몸에 부딪쳐, 그 가지에 걸려 모자가 떨어지고 말았다. 아버지는 그 가지를 손으로 꺾어서 집으로 갖고 왔다. 집에 도착하자 두 딸에게는 원하던 물건들을, 그리고 자신의 딸에게는 바로 그 개암나무의 가지를 주었다. 그녀는 아버지에게 감사하다고 말한 다음에, 나뭇가지를 갖고 어머니의 무덤으로 가서 그 옆에 나뭇가지를 심었다. 너무 심하게 울어서, 그녀의 눈물이 심어 놓은 나뭇가지에 물을 준 셈이 되었다. 나뭇가지는 순식간에 쑥쑥 자라서 훌륭한 나무가 되었다. 하루에 세 번 소녀는 그곳에 가서 울며 기도했다. 그때마다 작은 하얀 새가 나무에 앉았다. 그녀가 갖고 싶은 걸 말할 때마다 작은 새는 원하는 것을 그녀에게 던져 주었다.

그런데 왕자가 신붓감을 고를 시기가 되어, 임금님은 사흘에 걸쳐 파티를 열어 나라 안의 모든 아름다운 아가씨들을 초대하기로 하고 이를 널리 알렸다. 그 말을 듣자 두 언니들 역시 그 파티에 간다는 생각에 마음이 들뜨기 시작해, 그녀를 불러서 이렇게 말했다.

"우리 머리를 빗어라! 마차의 축도 닦아 놓고. 그리고 구두 장식도 손봐 놓아야 해. 우리는 임금님이 계신 궁전에서 열리는 파티에 가야 하니까." 그녀는 아무 말도 하지 않고 그녀들이 시키는 대로 했지만, 혼자 울고 있었다. 그녀도 무도회에 가고 싶었던 것이다. 그래서 계모에게 가게 해달라고 졸랐다. "뭐라고? 온몸에 재가 묻어 있는 너 같은 애가? 먼지를 뒤집어써서 더러운 차림을 하고 있지 않니? 게다가 무도회에 입고 갈 만한 옷이나 구두도 없고 말이야." 그러나 너무 끈질기게 조르니까 계모는 그만 이렇게 말하고 말았다. "아까 재 속에 작은 콩이 든 접시를 엎었단다. 그 콩을 두 시간 안에 전부 주워 모으면 너도 함께 가도 되는 걸로 하마." 딸은 부엌문으로 해서 뜰로 나가 이렇게 외쳤다. "얌전한 집비둘기야, 산비둘기야, 그리고 이 세상의 작은 새들아, 모두 와서 나를 도와다오. 재 속에서 콩을 줍는 거야. 주워서 깨끗한 콩은 항아리에 넣어 줘. 좋지 않은 콩은 너희들에게 줄게."

그러자 집비둘기 두 마리가 부엌 창으로 날아 들어왔고, 이어서 산비둘기가, 그리고 이 세상의 새가 전부 모였다고 생각될 정도로 많은 작은 새들이 모여들어 아궁이의 재 주위에 앉았다. 우선 집비둘기가 머리를 숙여 움직이면서 콩을 하나씩 주둥이로 쪼기 시작하자 다른 새들도 뒤를 이어서 부지런히 깨끗한 콩을 접시에 담기 시작했다. 그러자 채 한 시간도 지나지 않아 일이 다 끝나, 작은 새들은 다시 날아가 버렸다. 그래서 딸은 매우 기뻐서 접시를 계모한테 가지고 갔다. 이번에는 파티에 갈 수 있게 될 거라고 생각했기 때문이다. 그러나 계모는 또다시 안 된다고 했다. "재를 뒤집어쓴 아이야, 넌 예쁜 옷도 없고 게다가 춤도 못 추지 않니? 그런데도 간다면 모두의 웃음거리만 될 거다." 딸이 울음을 터뜨리자 계모는 이렇게 말했다. "만일 1시간 안에 이번에는 두 접시 분량의 콩을 재 속에서 다 주우면 함께 가도 되는 걸로 하겠다." 이렇게 말하면서 계모는 '도저히 불가능한 일이지' 라고 생각하고 있었던 것이다. 계모가 두 접시 분량의 콩을 재 속에 넣자 딸은 부엌문으로 해서 뒷마당으로 나가 이렇게 외쳤다. "얌전한 집비둘기야, 산비둘기야, 그리고 이 세상의 모든 작은 새들아, 모두 와서 내가 콩을 줍는 걸 도와다오."
"깨끗한 콩은 항아리에 넣어 줘.
좋지 않은 콩은 너희들에게 줄게."
그러자 하얀 집비둘기 두 마리가 부엌 창으로 날아 들어왔고, 뒤를 이어서 산비둘기와, 그리고 마침내 이 세상의 모든 새가 왔다고 생각될 정도로 많은 작은 새가 와서 아궁이의 재 주위에 앉았다. 우선 집비둘기가 머리를 이리저리 움직이며 콩을 하나씩 주둥이로 쪼기 시작하자, 다른 새들도 그 뒤를 이어서 깨끗한 콩을 부지런히 접시에 담기 시작했다. 그러자 반시간도 채 지나지 않아 순식간에 완전히 일이 끝나 버려, 작은 새들은 또다시 날아갔다. 그래서 딸은 접시를 계모한테 가지고 갔다. 이번에야말로 파티에 갈 수 있을 거라고 생각하니 매우 기뻤다. 그런데 계모는 "안 되지, 안 돼. 너는 가면 안 된다. 너는 옷도 없고 춤도 못 추지 않니? 너 같은 애를 데리고 가면 우리가 창피해서 안 돼." 이렇게 말하더니 계모는 딸에게 등을 돌려버리고, 자신의 거만한 두 딸을 데리고 서둘러 외출해버렸다.

신성한 개암나무와 콩의 양의성

이야기가 상당히 긴 편이므로 우선 여기서 끊겠습니다. 여기까지만 해도 기묘하고 재미있는 점들이 많이 나와 있습니다. 우선 개암나무의 나뭇가지가 나옵니다. 개암나무는 헤이즐넛이라는 열매가 열리는 나무입니다. 이 개암나무가 묘지 위에 심어져 그곳에 커다란 나무가 자랐다고 적혀 있습니다. 여기에는 어떤 메시지가 있는 걸까요?

'개암나무' 란 뭘까요? 개암나무는 유럽이 기독교의 영향을 받기 이전, 켈트라고 불리는 문명이 꽃피었던 시대에 떡갈나무와 더불어 가장 신성한 나무로 여겨졌습니다. 이승과 저승을 이어주고, 지상과 천상의 세계를 연결시켜 주는 나무로 인식되었습니다. 유럽의 민담에서 개암나무는 망자의 세계와 깊은 관련이 있는 신성한 나무였다는 사실이 알려져 있습니다.

신화적 사고는 이 개암나무와 콩을 서로 중첩시킵니다. 재를 뒤집어쓴 소녀가 파티에 가려고 하자 어머니가 그걸 저지하기 위해 그때마다 어려운 과제를 부여합니다. 그 과제가 콩과 관련이 있다는 점에 주목해주십시오. 재 속에 버려진 콩을 주워야 하는데, 재 속에 던져진 콩을 새들이 주둥이로 쪼아서 꺼내줍니다. 앞에서 이야기한 바 있는 '콩의 신화학' 을 상기해주십시오. 콩은 양의성을 가진 식물입니다. 콩은 이승과 저승을 연결시켜 주는 기능을 갖고 있었습니다.

아궁이와 재와 새=총동원된 중개기능

게다가 이 심술궂은 계모는 콩을 아궁이 속에 던집니다. 여기에 또 하나의 중개기능이 등장하는 걸 알 수 있습니다. 콩, 개암나무, 그리고 아궁이의 재는 각기 다른 방법으로 산 자와 죽은 자를 중개하는 기능을 갖고 있는 것으로 여겨졌기 때문입니다.

아궁이는 오래 전부터 인류 생활 속에서 매우 중요한 의미를 가진 것이었습니다. 아궁이의 불로는 요리를 합니다. 불을 사용한 요리를 함으로 해서 인간은 주위의 동물 세계로부터 벗어나서 '문화'를 갖게 되었으므로, 아궁이의 불이 자연 상태에서 문화로의 대전환을 일으키는 매개체 역할을 한 셈이 됩니다. 이러한 대전환은 호모 사피엔스 이전에 일어났으므로 아궁이의 불을 둘러싼 전승에는 까마득한 옛날의 기억이 보존되어 있다고 할 수 있을 겁니다.

아궁이가 갖고 있는, 모든 걸 전환시키는 기능과 반대되는 걸 중개하는 기능은 그 후에 다양한 표현으로 전개됩니다. 우선 아궁이는 인간이 사는 집 안에서 다른 세계 혹은 저 세상으로의 전환점 역할을 합니다. 아궁이의 불 속에서 요정이나 악마나 악령의 모습을 한 다른 세계의 존재가 튀어나오는 신화나 전설이 지구상의 많은 지역에 남아 있습니다. 아궁이는 집 안에서 이승과 저승을 중개하는 장소로 여겨졌던 것 같습니다. 그리고 원래 신데렐라와 관련이 있는 전승들의 공통적인 특징인 주인공이 아궁이나 아궁이의 변형물 근처로 내몰린 소녀라고 하는 문제도, 사실은 아궁이가 갖고 있는 삶과 죽음의 중개기능으로부터 파생된 발상이었습니다.

신데렐라 이야기는 현실 속에서는 해결 불가능한 다양한 문제들을 중개기능을 이용해서 논리적으로 해결해 가고자 하는 의도를 담은 이야기입니다. 그렇기 때문에 신데렐라라는 소녀는 그것을 위한 중개기능을 전부 모아놓은 듯한 존재로 묘사되어 있습니다. 그런 기능을 몸에 갖추기 위해서는 그녀는 아궁이의 불과 밀접한 관계를 가져야만 합니다. 모든 사람이 평등한 미개 사회에서는 주인공과 아궁이의 불을 연결시키는 것은 간단합니다. 어떻게 해서든 직접 불 옆으로 다가가면 되기 때문입니다.

그러나 유럽의 민화가 구전되던 사회에는 이미 계급의 차가 있었으므로, 아궁이가 있는 곳은 사회적으로 열등한 위치에 있는 더러운 일이 행해지는 장소로 간주되었습니다. 민화는 신화가 전승되던 시대의 기억과 연결되어 있기 때문에 아궁이의 불에 접근할 수 있는 '특권'을 갖고 있는 존재를 생각하게 됩니다. 그리고 바로 그때 계급의 차가 있는 사회에서 사회적으로 열등하다고 여겨지는 위치에 있는 자만이 고대에 약속되어 있던 중개기능을 수행할 수 있다고 생각하기에 이르게 됩니다. 그래서 「재를 뒤집어쓴 소녀」 즉 신데렐라가 만들어지기에 이릅니다. 그녀는 여러 가지 의미에서 사회적으로는 불우한 소녀였지만, 신화적 사고에서는 오히려 그런 점 때문에 그녀에게 '특권'을 부여하게 되었습니다.

항상 아궁이 옆에 있는 사람은 온몸에 재를 뒤집어쓰게 됩니다. 그렇기 때문에 볼품은 없습니다. 겉모습은 결코 아름답지 않습니다. 그러나 마음속에는 신화 시대의 순수함이 보존되어 있습니다. 많은 중개자들은 이렇게 해서 속마음은 아름답지만 겉모습은 재와 검댕으로 범벅이 된 상태이며 옷차림도 지저분한 여자아이로 묘사됩니다. 그러니 여러분은 단지 화장술이 뛰어날 뿐인 아름다운 여자에게는 주의하세요. 그런 여자들에게는 중개기능이 없기 때문에 아무리 멋진 연애를 해도 세계의 전환 같은 것은 기대할 수 없기 때문입니다. 민화가 마음이 깨끗한 사람에 대해 언급할 때는 내면에서 작동하는 신화적 논리의 기능에 초점을 맞추고 있는 것이지, 위선적인 의식에 초점이 있는 것은 아닙니다.

그런데 재를 뒤집어쓴 소녀는 그런 재 속에 던져 넣은 콩을 주우라는 명령을 받습니다. 그러나 그런 일이 가능할 리가 없습니다. 오로지 새들에게만 가능한 일일 겁니다. 새는 제비에 관한 신화에서도 이야기했듯이 인간이 살고 있는 문화의 세계와 숲이라는 자연의 세계를 중개할 수 있는 존재였습니다. 숲에 있는 새들은 인간 세계에 접근해 오지 않지만, 집비둘기나 산비둘기는 인간 세계로 접근해옵니다.

그렇기 때문에 우선 집비둘기를 부르고 그 다음에 산비둘기를 부른 겁니다. 그리고 나서 모든 새를 부르고 있습니다. 이 순서에는 의미가 있습니다. 우선 집비둘기를 부르는 것은 집비둘기가 항상 인간과 숲의 세계를 중개하면서 인간 세계와 매우 가까운 곳에 있기 때문입니다. 다음에 산비둘기를 부릅니다. 산비둘기는 집비둘기보다도 겁쟁이이며 숲과 더 가까운 새입니다. 그러나 인간이 콩을 주면 다가오기도 합니다. 이 두 마리의 새가 불려나온 것이 계기가 되어 많은 종류의 새가 숲 속에서 인간 세계로 불려나오게 됩니다.

따라서 재 속에 던져 넣은 콩을 새가 줍는 이 에피소드에, 이야기 전체를 통해 실현시키고자 하는 모순의 중개에 대한 해결이 사전에 이루어져 있다는 걸 알 수가 있습니다. 산 자와 죽은 자를 중개하는 콩이 인간 세계와 인간 세계가 아닌 다른 세계를 중개하는 아궁이에 던져 넣어지고, 그런 혼돈 상태를 숲과 인간 사회를 매개하는 새가 정돈해주고 있습니다. 중개역할을 하는 모든 것을 총동원해서 민화는 그것을 실현시키려 하고 있습니다.

연회장으로 향하다

그러면 그 다음을 보기로 하겠습니다. 두 언니는 계모와 함께 왕궁으로 가버려서, 집에는 아무도 없습니다.

모두 다 가버리고 난 후 재를 뒤집어쓴 소녀는 개암나무 밑에 있는 어머니의 무덤으로 가서 이렇게 외쳤다.
"귀여운 나무야, 네 줄기를 부르르 떨어 보렴.
그렇게 해서 내 주위에 금과 은을 떨어뜨려 주렴."
그러자 작은 새가 날아와서 그녀를 향해서 금실 은실로 만든 드레스와 은실 자수가 놓인 구두를 떨어뜨려 주었다. 그녀는 서둘러 드레스를 몸에 걸치고 연회장으로 향했다. 금빛으로 빛나는 드레스를 몸에 걸친 그녀는 매우 아름다워 의붓자매들을 비롯해 계모도 아름다운 그 여자가 설마 재를 뒤집어쓴 소녀라고는 전혀 생각지도 못하고, 틀림없이 어딘가 다른 나라에서 온 공주일 거라고만 생각했다. 재를 뒤집어쓴 소녀는 집의 아궁이 옆에서 먼지투성이가 되어 재 속에서 부지런히 콩을 주워서 꺼내고 있을 거라고만 생각했기 때문이다.

개암나무가 망자의 세계와의 중개역할을 하고 있는 것은 분명합니다. 개암나무의 뿌리는 묘지를 통해 깊은 곳에서 저 세상과 연결되어 있습니다. 그렇기 때문에 개암나무에게 말을 걸면 저 세상에서 어머니의 영혼이 대답해줍니다. 어머니 자신이 아니라 대모가 등장해서 작은 동물들을 변신시켜 상드리용과 함께 가게 하는 샤를 페로의 이야기와 결정적으로 다른 점이 바로 이 부분입니다. 여기서는 아예 작은 새가 날아와서 그녀를 향해 금실과 은실로 만들어진 드레스와 은실 자수가 놓인 구두를 떨어뜨려 줍니다.

이렇게 해서 재를 뒤집어쓴 소녀는 왕궁의 연회장으로 떠납니다. 이 연회는 성스러운 결혼의 전조입니다. 결혼은 세계를 구성하고 있는 모든 것—위와 아래로 분리된 것, 서로 반목 상태에 있는 것, 서먹서먹한 관계에 있는 것—이 조화를 회복하는 행복한 결말을 상징합니다. 그런 의미에서 연회는 왕국 규모로 열립니다. 따라서 이 연회에는 본래 그 왕국에 소속되어 있는 모든 사람이 모여야 하겠지만, 봉건 사회에서는 신분이 너무 낮은 사람은 참가할 수 없다는 모순이 일어납니다. 재를 뒤집어쓴 소녀는 그 결함을 메우기 위해서 예쁘게 치장을 하고 왕궁을 향해 갈 필요가 있습니다. 그녀가 중개자가 되어서 아궁이 주변에 있는 최하층의 사람들을 비롯해서 인간 세계가 아닌 다른 세계에 속하는 존재에 이르기까지 왕국의 우주를 구성하는 모든 존재들이 결혼의 전조라 할 수 있는 이 연회에 (잠재적으로) 참가할 기회를 얻은 셈입니다.

임금님의 아드님이 와서 그녀의 손을 잡고 춤을 추었는데, 다른 아가씨들하고는 춤을 추려고 하지 않았다. 왕자는 그녀의 손을 놓으려 하지 않았으며, 다른 누군가가 와서 그녀에게 춤을 청해도 "안 돼. 그녀는 내 파트너야" 하고 말하며 더 이상 말도 못 붙이게 하는 것이었다.

그녀는 밤늦게까지 춤을 추고 난 후 집으로 돌아가려고 했다. 그러자 왕자는 이렇게 말했다. "내가 댁까지 데려다 주겠습니다." 왕자는 그 아름다운 아가씨가 어떤 사람의 딸인지 알고 싶었기 때문이다. 그러나 그녀는 왕자의 손을 살짝 피해서 비둘기집으로 뛰어들었다.

왕자는 그녀가 비둘기집에서 나오기를 기다리고 있었는데, 조금 후에 그녀의 아버지가 오자 다른 나라 사람으로 보이는 아가씨가 비둘기집 속으로 들어가버렸다고 말했다.

그녀의 아버지는 "설마 재를 뒤집어쓴 아이를 말하는 건 아니겠지" 하고 생각했다. 도끼와 곡괭이를 가져와서 비둘기집을 부숴봤지만 안에는 아무도 없었다. 그녀의 아버지 등이 집으로 돌아가 보니 재를 뒤집어쓴 소녀는 여전히 더러운 옷을 입고 재투성이가 되어 웅크리고 있었고, 아궁이 주위에는 희미하게 램프의 불빛이 비치고 있었다. 사실은 그녀는 비둘기집의 뒷문으로 빠져나와서 재빨리 개암나무 밑까지 달려가, 거기에서 아름다운 옷을 벗었던 것이다.

옷을 어머니 무덤 위에 놓자 작은 새들이 와서 갖고 갔다. 그리고 그녀는 항상 입던 회색 허드레옷을 입고 부엌의 재 속에 웅크리고 있었던 것이다.

왕궁의 비둘기집이 나와서 여러분은 이미 "아아, 여기서 또다시 중개기능이 활약을 하고 있군" 하고 생각했을 겁니다. 비둘기집은 집

안의 아궁이와 마찬가지로 전환이 일어나는 장소입니다. 또한 여기에는 아버지라는 존재의 '모호함'이 잘 나타나 있습니다. 아버지는 재를 뒤집어쓴 소녀에게 좋은 어머니와 사악한 어머니 둘 다를 가져다준 양의적인 존재입니다. 따라서 그녀에 대한 태도도 이도 저도 아니고 모호합니다. 이 이야기는 전체적으로 여성의 가치를 중심으로 해서 서술되어 있기 때문에(그 점이 또한 이 이야기의 오랜 내력을 말해주는 것이라고 할 수 있습니다) 아버지도 왕자도 약간 경박한 존재로 묘사되어 있는 것 같습니다.

집요한 반복

여기서 반복이 시작됩니다.

> 다음 날도 계속해서 파티가 열려 그녀의 부모와 의붓언니들은 함께 나갔다. 그녀는 또다시 개암나무 밑으로 가서 이렇게 중얼거렸다.
> "귀여운 나무야, 네 줄기를 부르르 떨어 보렴.
> 그렇게 해서 내 주위에 금과 은을 떨어뜨려 주렴."
> 그러자 작은 새가 날아와서 전날보다도 더욱 아름다운 옷을 그녀에게 주었다.
> 그녀가 이 옷을 입고 파티에 나타나자 사람들은 너무나 아름다워 넋이 빠졌다. 그녀가 오기를 목을 빼고 기다리고 있던 왕자는 곧바로 손을 잡더니 그녀하고만 춤을 추었다. 다른 누군가가 와서 그녀

에게 춤을 청해도 왕자는 "안 돼. 그녀는 내 파트너야" 하고 말해 더 이상 말도 못 붙이게 하는 것이었다. 저녁이 되어 그녀가 집으로 돌아가려 하자 왕자는 그녀가 어느 집으로 들어가는지를 알아내려고 뒤를 밟았다. 그러나 그녀는 달음질쳐 왕자를 적당히 따돌리고 집의 뒷마당으로 뛰어 들어갔다. 그곳에는 키가 큰 멋진 나무가 서 있었고 커다란 배가 열려 있었다. 그녀는 마치 다람쥐처럼 재빨리 배나무로 올라가 버렸기 때문에 왕자는 그녀가 어디로 갔는지 알 수가 없었다.

여기에는 배나무가 등장합니다. 처음에는 비둘기집 속에 뛰어들지만, 이번에는 다람쥐처럼 재빨리 배나무 위로 올라가는 전환이 일어난 겁니다.

왕자가 나무 밑에서 기다리고 있는데 그녀의 아버지가 왔다. 왕자는 "묘한 아가씨가 내 손을 빠져나가서 아무래도 이 배나무 위로 올라가 버린 것 같다"라고 말했다. 아버지는 '설마 재를 뒤집어쓴 아이를 말하는 건 아니겠지' 하고 생각했지만, 도끼를 주어 배나무를 베어 보게 했다. 그러나 아무도 없었다. 부엌에 들어가 보니 재를 뒤집어쓴 아이는 평소와 마찬가지로 재투성이가 되어 앉아 있었다. 사실은 그녀는 배나무의 반대쪽으로 내려가서 예쁜 옷은 개암나무의 작은 새에게 돌려주고 원래의 회색 허드레옷으로 재빨리 갈아입었던 것이다.

셋째 날에도 같은 일이 일어납니다. 이것이 민화의 특징입니다. 민화는 대중음악과 마찬가지로 단조로운 반복을 좋아합니다. 메시지를 강화하려는 의도입니다. 이렇게 해서 셋째 날에도 파티에 가게 되는데 이런 식으로 전개됩니다.

> 셋째 날에도 부모가 두 언니를 데리고 나가자 재를 뒤집어쓴 소녀는 어머니의 무덤이 있는 곳으로 가서 나무에게 이렇게 부탁했다.
> "귀여운 나무야, 네 줄기를 부르르 떨어 보렴.
> 그렇게 해서 내 주위에 금과 은을 떨어뜨려 주렴."
> 그러자 항상 찾아오는 작은 새가 전보다도 더욱 멋지고, 이제까지 그 누구도 입은 적이 없을 정도로 눈부신 드레스와 순금으로 만든 구두를 주었다. 이 드레스를 몸에 걸치고 파티 석상에 나타나자, 모두 너무 놀라서 말을 잃고 말았다. 왕자는 그녀하고만 춤을 추었으며 다른 누군가가 와서 그녀에게 춤을 청해도 "안 되지 안 돼, 그녀는 내 파트너니까 안 돼"라고 말해 더 이상 말도 못 붙이게 했다.

잔혹한 결말

이제부터 이야기는 단숨에 결말로 향합니다.

> 밤이 되자 재를 뒤집어쓴 소녀는 집으로 돌아가고 싶어졌다. 왕자는 그녀를 집까지 데려다 주고 싶었지만, 그녀가 너무 재빨리 왕자의 손에서 빠져나갔기 때문에 그만 놓치고 말았다. 그러나 왕자

는 약간의 잔꾀를 부려 미리 대비를 해두었다. 계단에 송진을 묻혀 놓은 것이다. 그래서 그녀가 계단을 뛰어내려갔을 때 그녀의 왼쪽 구두가 달라붙고 말았다. 왕자가 그 구두를 손으로 집어 보니, 작고 산뜻하며 게다가 순금으로 만들어진 구두였다. 다음 날 아침 왕자는 그 구두를 들고 하인한테 가서 이렇게 말했다. "내 아내가 될 사람은 이 구두에 딱 맞는 발을 가진 아가씨여야 한다." 이 말을 듣고 두 언니는 매우 기뻐했다. 왜냐하면 두 사람은 발에 자신이 있었기 때문이다. 언니가 구두를 들고 자기 방으로 가서 신어보려고 했다. 어머니도 따라가서 옆에 서 있었지만, 발끝이 너무 커서 들어가지 않았다. 구두가 너무 작았던 것이다. 그러자 어머니는 딸에게 칼을 건네 주며 이렇게 말했다. "발가락 같은 건 잘라 버려라. 왕비가 되면 걷지 않아도 되니까 괜찮아." 언니는 발가락을 잘라버리고 발을 구두 속에 밀어 넣었다. 그리고 아픔을 참으면서 왕자한테 갔다. 왕자는 그녀를 자신의 말에 태우고 함께 출발했다. 그런데 두 사람이 무덤 옆을 지나가려고 하는데 개암나무에 앉아있던 비둘기 두 마리가 이렇게 외쳤다.

"잘 봐요, 잘 봐요!
구두 안은 피투성이!
구두가 너무 작은 거야!
진짜 신붓감은 아직 집에 있지!"

그래서 왕자가 그녀의 발끝을 보니 피가 배어있는 게 보였다. 왕자는 말을 되돌려서 가짜 신부를 그녀의 집으로 데리고 돌아가 이 아가씨는 진짜 신붓감이 아니라고 말하고, 다른 딸에게 구두를 신어보라고 했다. 그래서 그녀가 자기 방에서 구두를 신어봤다. 그런데 발끝은 들어가긴 했지만 이번에는 뒤꿈치가 너무 컸다. 그러자 어머니가 칼을 건네 주며 이렇게 말했다. "뒤꿈치를 약간 잘라 내면 된다. 왕비가 되면 걷지 않아도 되니까 괜찮아." 그녀는 뒤꿈치를 약간 잘라내고 발을 구두 속에 밀어 넣었다. 그리고 통증을 꾹 참으며 왕자가 있는 곳으로 걸음을 옮겼다. 왕자는 그녀를 신붓감으로서 자신의 말에 태우고 출발했다. 두 사람이 개암나무를 지나가려고 하자 똑같은 비둘기 두 마리가 나무에 앉아서 이렇게 외쳤다.

"잘 봐요, 잘 봐요!
구두 안은 피투성이!
구두가 너무 작은 거야!
진짜 신붓감은 아직 집에 있지!"

왕자가 그녀의 발끝을 보니 구두에서 피가 스며 나오고 있는 게 보였다. 그녀의 하얀 스타킹이 새빨갛게 물들어 있는 것이다. 그래서 왕자는 말을 되돌려서 가짜 신붓감을 집으로 데리고 돌아가 말했다. "이 아가씨도 진짜 신붓감이 아니었다. 다른 딸은 없느냐?" "없습니다. 전처가 남긴 딸로 재투성이의 골칫거리가 있기는 합니다만, 그런 녀석이 신붓감이라고는 도저히 생각할 수 없습니다" 하고 아버지는 말한다.

왕자는 아버지에게 그 딸을 데리고 오라고 했지만, 어머니는 "안 됩니다, 절대로 안 됩니다. 그 아이는 먼지투성이로 지저분하기 때문에 왕자님을 뵐 만한 처지가 아닙니다"라고 대답했다. 하지만 왕자가 너무 강력하게 말하자, 결국 재를 뒤집어쓴 소녀를 부르게 되었다. 그녀는 얼굴과 손을 잘 씻고 나가서 왕자 앞에서 공손하고 정중하게 인사했다. 왕자는 그녀에게 그 구두를 건네 주었다. 그녀가 둥근 의자 위에 앉아서 무거운 나무구두에서 발을 빼서 건네 받은 구두에 발을 밀어 넣자 놀라울 정도로 딱 맞는 것이었다. 일어선 그녀의 얼굴을 유심히 보고서야, 왕자는 그녀가 자신과 춤을 추었던 바로 그 아름다운 아가씨라는 걸 알아볼 수가 있었다. "저 아가씨가 진짜 신붓감이다!" 왕자는 외쳤다. 계모와 두 언니는 무척 놀랐고, 분해서 얼굴이 새파랗게 변했다. 왕자는 재를 뒤집어쓴 소녀를 자신의 말에 태우고 사라져갔다. 두 사람이 개암나무 옆을 지나가자 하얀 비둘기가 이렇게 외쳤다.
"잘 봐요, 잘 봐요!
구두에 피 같은 건 없어!
구두 크기도 딱 맞네!
데리고 있는 사람은 진짜 신붓감!"
이렇게 노래하더니 비둘기 두 마리는 날아와서 재를 뒤집어쓴 소녀의 어깨에 앉았다. 한 마리는 오른쪽 어깨에 그리고 또 한 마리는 왼쪽 어깨에 앉은 채로 식이 거행되는 교회에 갔다. 왕자와의 결혼을 축하하기 위한 식이 거행되자 의붓언니 둘이 비위를 맞추러 찾아왔다. 재를 뒤집어쓴 소녀의 행운을 나누어 갖고 싶은 생각에서다. 결혼할 두 사람이 교회를 향해 갈 때 큰언니는 오른쪽에서 작은언니는 왼쪽에서 걸었다. 그러자 비둘기가 언니들의 눈을 각각 하나씩 쪼았다. 두 사람이 교회에서 나왔을 때도 언니는 왼쪽에서, 그리고 동생은 오른쪽에서 걷고 있는데, 이번에도 비둘기가 두 사람의 남은 다른 한 쪽 눈을 쪼았다. 이렇게 해서 두 언니는 자신들의 사악한 마음과 책략 때문에 벌을 받아, 장님으로 평생을 보내게 되었다. (A. 던데스 편,『신데렐라』)

중개자 퍼레이드로서의 신데렐라 이야기

이것이 그림 동화집에 수록되어 있는 신데렐라 이야기입니다. 이 이야기에는 발가락과 발뒤꿈치를 잘라버리는 것과 같은 잔혹한 측면이 있습니다. 샤를 페로의 결말에서는 언니들도 둘 다 귀족과 결혼하는데, 이 그림 동화에서는 비둘기가 둘의 눈을 망가뜨려 불행의 나락에 떨어뜨립니다. 민화의 기능을 생각해 보면, 그림 동화가 훨씬 더 신화적인 기반을 갖추었다고 할 수 있습니다. 이 점을 이해하기 위해서는 샤를 페로판과 그림 동화판을 세밀하게 분석해서 대조해볼 필요가 있습니다.

페로판과 그림판을 대조해 놓은 표를 검토해 보기로 합시다. 서두의 상황과 이야기의 결말은 서로 같습니다. 주인공은 사회적으로 매우 낮은 지위에 있으며 애정도 부도 없는 심한 결손 상황에 처해 있습니다. 그리고 마지막은 해피 엔드입니다. "두 사람은 오랫동안 행복하게 살았다고 합니다." 결말에 다른 점이 있다면 페로판에서는 계모와 의붓자매들은 별로 불행해지거나 하지는 않는데, 그림 동화에서는 매우 잔혹한 결말이 준비되어 있다는 점일 겁니다.

그리고 중개기능의 역할이 서로 다릅니다. 페로판과 그림판에서의 다양한 중개자의 기능을 정리한 다음 쪽의 표를 봐 주십시오.

페로판에 비해서 그림판이 신화적 사고방식에 충실하다는 인상을 받을 겁니다. 신데렐라 이야기는 총력을 기울여 누락되어 있던 중개기능을 도처에서 찾아내서 우주에 전체적인 조화를 회복하려고 하고 있습니다. 그러기 위해서 중개기능을 가진 것들이 계속 등장해서

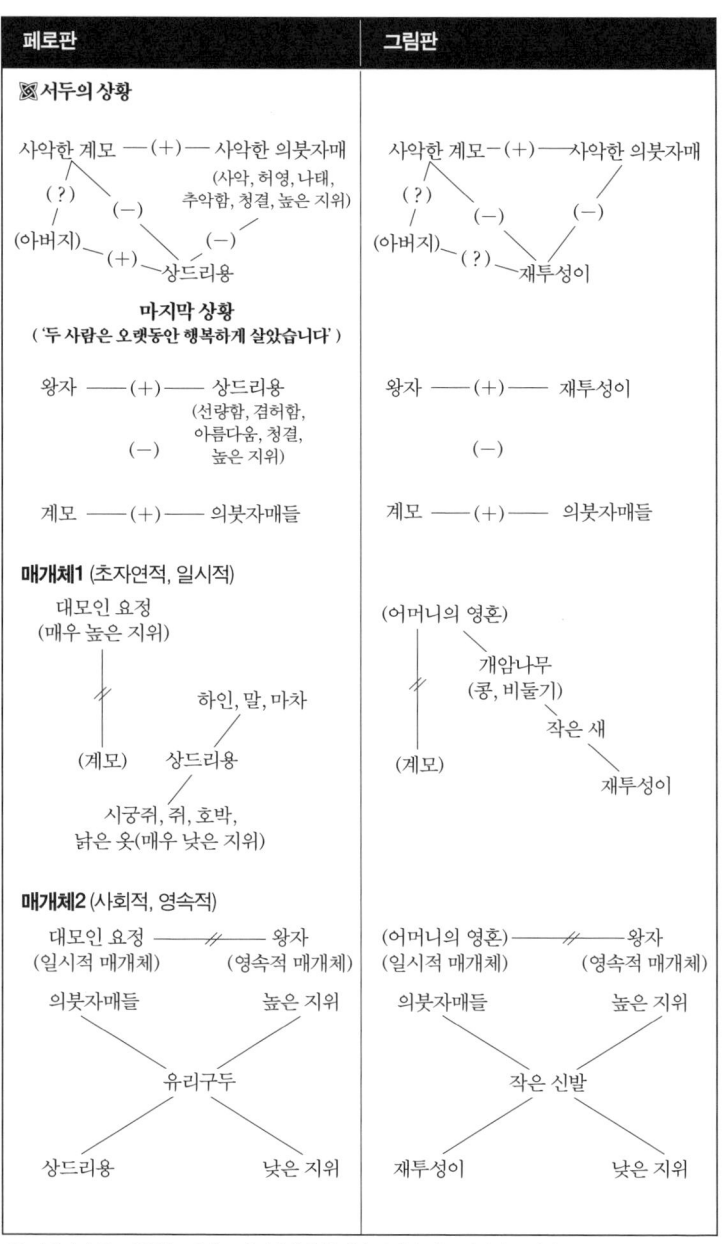

(두 이야기의 구조 분석(A. 던데스 편,《신데렐라》에 수록되어 있는 데이비드 베이스, 「형태학을 넘어서—레비 스트로스와 민화의 분석」을 참조)

퍼레이드를 합니다. 주인공들의 행동마저도 중개기능을 합리화시키기 위한 이유를 부여하는 데 목적이 있는 건 아닌가 할 정도입니다. 그림 동화에서 재를 뒤집어쓴 소녀는 아버지가 시장에 나갈 때, "맨 처음에 모자에 닿은 나뭇가지를 꺾어와 주세요"라고 부탁합니다. 그것이 계기가 되어 개암나무의 가지를 손에 넣게 됩니다. 그 가지는 망자의 세계와 재를 뒤집어쓴 소녀를 연결시켜 주는 중개자 역할을 하게 되므로, 재를 뒤집어쓴 소녀와 어머니의 영혼 사이에는 연결고리가 생긴 셈이 됩니다.

　재를 뒤집어쓴 소녀, 작은 새, 콩, 비둘기, 개암나무, 어머니의 영혼, 이런 일련의 매개체들이 있습니다. 이것들은 전부 이야기 속에서 삶과 죽음을 중개하는 기능을 수행하고 있습니다. 계모가 재 속에 콩을 던지는 상식 밖의 행동도 이렇게 보면 의미가 분명해집니다. 이 모든 것들이 중개자들을 이야기 속에서 적당한 위치에 설정하기 위한 장치인 셈입니다. 이런 식으로 중개자들을 차례대로 퍼레이드 시킴으로 해서 그림판 이야기는 중개자들이 서로 일종의 연속성을 갖게 하려는 것 같아 보입니다. 세계를 중개자들로 연속적으로 전부 메워버리고 싶어하는 소망이 느껴집니다.

　페로판에서는 그런 소망이 제대로 이루어지지 않아 비연속적으로 중개가 이루어지는 셈입니다. 마술지팡이를 한 번 휘두르는 것으로 쥐와 호박과 도마뱀을 순식간에 마차로 바꾸어버리는 수법이 페로판에서는 사용됩니다. 순식간에 다른 것으로 변신시키는 이런 수법은 사실은 신화적 사고로서는 별로 고상한 방법은 아닙니다. 신화는 중개항 사이에 연속성을 갖게 하는 것으로 논리를 완벽하게 하려고 노력합니다. 하지만 페로판의 독자와 같은 근대인들은 개암나무나 재 속에 뿌려진 콩이나 작은 새들의 생태학적 서열 같은 것 사이에 존재하는 이행관계를 실감 있게 이해할 수 없게 된 것 같습니다. 그래서 단숨에 일을 처리하기 위해서 '마법'이라는 편리한 방법이 등장하게 되는 셈인데, 이러한 '마법'에는 과학자가 말하는 의미에서도, 신화적 사고라는 의미에서도, 논리의 파탄을 보충하는 것에 불과한 마이너스적인 효과밖에 없습니다. 따라서 그림 동화가 훨씬 신화적 사고에 충실하고 신데렐라의 원형에 가깝다고 할 수 있습니다.

"두 사람은 오랫동안 행복하게 살았다고 합니다"

해피 엔드는 뭐니뭐니 해도 결혼입니다. 재를 뒤집어쓴 소녀는 왕자님과 결혼합니다. 이것이야말로 가장 중요한 중개라고 할 수 있을 겁니다. 거기에는 덤도 딸려 있습니다. 결혼에는 이혼이 따라다니게 마련이므로 불안정한 측면이 있습니다. 하지만 민화에서는 "두 사람은 오랫동안 행복하게 살았다고 합니다"라고 분명하게 못을 박습니다. 이것은 이야기 중간 중간에 등장하는 다양한 중개자들, 예를 들면 개암나무와 작은 새들의 심리도 불안정해 그들이 수행하는 초자연적인 중개기능은 일시적인 것에 불과하지만, 결혼으로 가능해진 이런 사회적 중개는 영속적이라고 선언하고 있는 것이나 마찬가지입니다.

　하지만 이것은 민화에 국한된 이야기입니다. 신화에서는 이런 결론으로 끝맺는 경우는 거의 없습니다. 대부분의 경우 중개는 영속적이지 않습니다. 오히려 영속하는 것은 파탄한 상태에 있는 쪽이며,

그런 경우의 신화에서 비극적인 파탄을 맞은 주인공들은 하늘의 별이 됩니다. 별이 되어서 영속 상태를 유지하는 것입니다. 그런데 민화는 '행복한 결혼'으로 논리를 정지시키려고 합니다. 거기에는 뭔가 두려운 진실이 숨겨져 있는 듯한 느낌이 듭니다.

Nakazawa Shinichi
Kodansha : Cahier Sauvage Series No.1

V

중국의 신데렐라

Nakazawa Shinichi
Kodansha : Cahier Sauvage Series No.1

포르투갈 민화의 신데렐라

신데렐라 이야기를 계속하기로 합시다. 우리는 왜 서로 다른 두 이야기를 '유사하다'고 느끼게 되는 걸까요? 예를 들어 샤를 페로판 신데렐라와 그림판 신데렐라를 연이어서 읽으면, 두 이야기가 유사할 뿐 아니라 동일한 메시지를 전달하려 하고 있다는 느낌마저 듭니다. 두 이야기가 서로 변형관계에 있다고 느끼게 되고, 실제로 분석해 보면 그런 직감은 옳았다는 걸 알게 됩니다.

유사하다는 걸 직감하는 지각이나 인식의 프로세스는 매우 복잡하게 이루어져 있어 간단히 해명하기는 어려운 일이지만, 신화의 경우에는 이것이 매우 민감하게 작용합니다. 우리는 '유사한 이야기'라는 것을 읽는 순간 바로 식별할 수가 있습니다. 이것은 아마도 신화 속에서 감각적인 것과 지적인 것이 서로 적당히 결합하고 있기 때문에, 전체적인 유사성과 부분적인 차이점을 적확(的確)하게 직감할 수 있는 것 같습니다. 유럽에서 전승되던 신데렐라 이야기에는 여러 형태가 있는데, 여기서 소개하는 포르투갈판 「아궁이 고양이」에는 새로운 변형 요소가 등장해, 그것으로 인해 우리의 탐구는 아시아에 가까이 접근하게 됩니다. 포르투갈 민화집에 이런 이야기가 기록되어 있습니다.

> 아내를 잃은 남자가 있었는데 그에게는 세 딸이 있었다. 장녀와 차녀는 항상 예쁘게 차려입고 있었지만, 막내는 "난 부엌일을 좋아해"라고 말하며 항상 아궁이 옆에서 일을 하고 있었다.

그래서 두 언니는 막내 동생을 비웃으며 '아궁이 고양이'라고 불렀다. 어느 날 아버지가 물고기 한 마리를 얻어 와서 막내딸에게 요리하라고 명령했다. 그런데 이 물고기가 매우 아름다운 황금빛을 띠고 있었기 때문에, 막내딸은 마음에 들어 아버지에게 부탁해서 자기 방에 있는 어항에 넣어서 키우기로 했다.

밤이 되자 물고기가 막내딸에게 말을 걸었다. 자신을 우물에 놓아 달라는 것이었다. 그래서 물고기가 원하는 대로 우물에 놓아주었다. 다음 날 막내딸이 물고기를 보려고 우물로 다가가자 물고기가 "아가씨, 우물로 들어와요"라고 말했다. 그녀는 무서워져서 달아나 버렸다.

이튿날 연회가 있어서 두 언니가 외출하고 없을 때, 막내딸이 우물로 다가가자 또다시 물고기가 "아가씨, 우물로 들어와요"라고 몇 번이고 말하는 것이었다. 그래서 마침내 그녀는 물속으로 들어갔다. 물고기는 막내딸의 손을 잡고 황금으로 만든 궁전으로 데리고 가더니, 그녀를 더할 나위 없이 아름다운 옷으로 치장해주고, 한 쌍의 황금구두를 신기고, 아름다운 마차에 태워 연회장으로 가게 해주었다.

그때 이런 충고를 했다. "반드시 두 언니보다 먼저 연회장을 빠져나와 여기 와서 옷과 장신구를 벗어야 해요."

아름답게 치장한 막내딸이 연회장에 나타나자 연회장을 가득 메운 사람들 중에서 그녀의 아름다움에 놀라지 않는 사람이 없었다. 연회가 끝나자 서둘러서 돌아가려고 할 때 잘못해서 그만 구두 한 짝을 떨어뜨렸는데, 왕이 그것을 주웠다. 그녀의 아름다움에 푹 빠진 왕은 나라 전체에 이 구두의 주인과 결혼하겠다고 선포했다. 막내딸은 집으로 서둘러 돌아와 연못 안에 있는 궁전으로 가서 옷을 벗어버렸는데, 그때 그 물고기가 나타나더니 물어보고 싶은 것이 있거든 오늘밤 다시 오라고 했다.

두 언니가 돌아왔지만, 막내딸이 평소와 마찬가지로 부엌일로 바쁘게 일하고 있는 걸 보고, "오늘 밤 연회에 수수께끼의 미녀가 나타났다가 황금구두를 떨어뜨리고 갔기 때문에, 임금님이 그 구두의 주인을 찾아내서 결혼하겠다고 말씀하셨어. 그래서 우리도 이제부터 왕궁으로 가서 한 번 그 구두를 신어볼까 해. 두 명이나 있으니 둘 중에 한 명의 발에는 맞을 거야. 그러면 왕비 마마가 될 수 있는 거지. 그렇게 되면 아궁이 고양이에게도 예쁜 새 옷을 지어 줄게" 하고 웃으며 말했다. 두 언니가 나가는 걸 확인하고 나서 막내딸은 우물로 갔다. 그러자 물고기가 나타나서 "당신은 내 아내가 되어야만 해요!" 하고 강력하게 프로포즈를 했다.

그러자 막내딸은 "좋아, 당신과 결혼하겠어" 하고 대답했다.

그랬더니 순식간에 물고기는 모습을 바꾸어 잘 생긴 젊은 남자로 변했다.

그 남자는 이렇게 말했다. "나는 이 나라 왕의 아들이었는데 마술에 걸려서 이 우물 속에서 오랫동안 살아야만 했습니다."

"나는 오늘 당신의 구두가 벗겨져서 떨어져 그 구두를 주운 왕이 구두의 주인과 결혼하겠다고 포고한 사실을 알고 있었습니다. 당신은 지금 당장 왕궁으로 가서, 당신이 이미 왕의 아들과 결혼을 약속한 처지라는 걸 알리십시오" 하고 말했다.

우물을 나와 집으로 돌아와 보니, 왕궁에서 돌아온 두 언니가 아무리 애를 써도 자기들의 발은 구두에 들어가지 않았다며 한탄하고 있었다.

막내딸이 "나도 가서 신어볼게" 하고 말하자, 언니들은 "너 같은 아

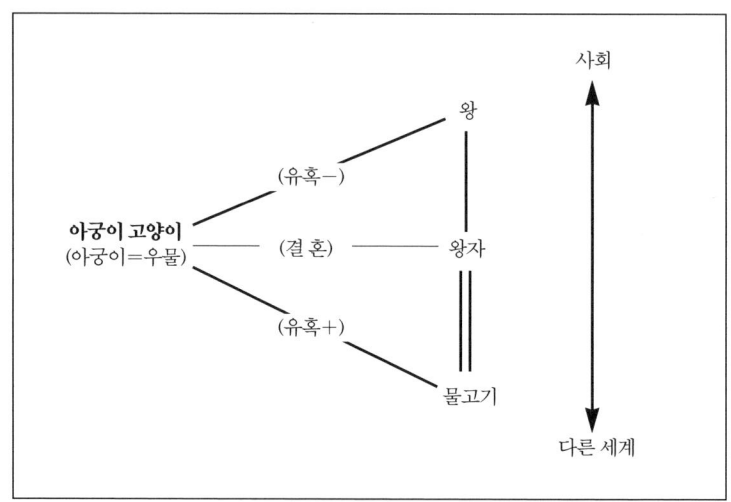

아궁이 고양이의 중개기능

이에게 구두가 맞을 리가 있겠니?" 하고 비웃었다. 그래도 막내딸은 왕궁으로 갔고, 구두를 신어봤더니 딱 맞았다. 왕은 기뻐하며 "너는 이제 내 왕비가 되는 거다"라고 말했지만, 막내딸은 "임금님, 송구스럽지만 그 말씀은 정중히 거절하겠습니다. 왜냐하면 저는 당신의 아드님과 이미 결혼을 약속한 상태이기 때문입니다" 하고 대답했다. 왕은 그 말을 듣고 놀랐지만 매우 기뻐했다. 왕은 많은 사람들을 시켜 우물에서 왕자를 꺼내 아궁이 고양이 아가씨하고 결혼시켰다. 이 사실을 알게 된 두 언니는 그동안 아궁이 고양이의 험담을 해왔기 때문에 오히려 벌을 받고 말았다. 왕자는 그 후에 왕이 되었고 아궁이 고양이는 왕후가 되었다. (페드로소, 『포르투갈 민화집』)

포르투갈판 신데렐라를 구성하고 있는 다양한 중개기능을 도표로 나타내 봅시다.

이 이야기에서 가장 중요한 것은 수중 세계가 등장한다는 점입니다. 물속에서 나타난 물고기는 아궁이 고양이의 사회적 상승(왕족과의 결혼)을 실현시키는 초자연적인 중개자이면서 동시에 '마법'의 힘에 의해 물고기로 변한 왕자이기도 했으므로, 아궁이 고양이라는 이름의 신데렐라가 이 물고기와의 결혼을 승낙하는 것으로 왕자 역시 인간의 모습을 되찾아 왕궁으로 돌아가게 됩니다. 즉 이 이야기에서는 수중 세계를 통해서 이중의 전환이 이루어지고 있는 셈입니다.

족외혼과 족내혼

이 포르투갈 민화에서 흥미로운 점은 다른 곳에서는 개암나무나 새 같은 것의 중개에 의해 전환이 일어났는데, 여기서는 이 소녀가 직접 물속으로 들어가서 거기서 물고기와의 결혼을 성사시키고 있다는 데 있습니다.

수중 세계에서의 결혼은 어떤 의미를 갖는 걸까요? 신화에는 주인공이 수중 세계로 들어가서 결혼하는 이야기가 많이 등장합니다. 우라시마 타로浦島太郎 이야기 같은 것도 그 중의 하나입니다. 우라시마 타로는 거북의 중개에 의해 바다 밑에 있는 왕궁으로 가서 대접을 받습니다. 이 이야기의 토대가 된 야마히코山彦 신화에서는 수중 세계로 들어간 야마히코가 바다 신의 딸과 결혼하는 걸로 봐서, 우라시마 타로가 용궁성龍宮城에 체재한 것도 일종의 결혼을 의미하는 것으로 생각할 수도 있습니다.

일본의 조몬 토기의 표면에 새겨져 있는 도상圖像을 살펴보면, 물에 사는 동물과 관련이 있는 주제가 매우 많다는 점에 깊은 인상을 받습니다. 이것은 세계적인 현상인 듯하며, 신석기 시대에 들어서면서 인류는 물의 세계에서 신화적인 중요성을 발견한 것 같습니다(이런 현상은 같은 호모 사피엔스의 구석기 문화에는 없었던 것 같습니다. 구석기 문화에는 곰이나 사슴이나 순록은 등장해도 수중 생물, 게다가 상상에 의한 수중 생물이 등장하는 경우는 거의 없습니다). 그렇기 때문에 오늘날까지 전해 내려오는 신석기적인 특징을 가진 신화에서는 수중 세계라는 주제가 중요한 위치를 차지하게 되었습니다.

이것은 일본의 민속학자 오리쿠치 시노부折口信夫가 가장 중요시했던 문제입니다. 오리쿠치는 그런 현상에는 '족외혼exogamy' 문제가 반영되어 있는 것이라고 생각했습니다. 족외혼이란 자기 부족의 이성異性이 아니라 다른 부족의 이성과 결혼하는 것을 말합니다. 'exo'에는 'exotic'과 마찬가지로 '먼 곳의, 자신과는 다른'이라는 의미가 있습니다. 이것에 반해서 동족의 이성과 결혼하는 것을 '족내혼endogamy'이라고 합니다. 'endo'란 '안의, 내부의'라는 의미입니다.

신화적 사고에서는 이 '족외혼'과 '족내혼'의 대립이 매우 중요한 의미를 갖고 있습니다. 이것은 배우자나 성의 파트너를 어느 정도의 거리에 있는 상대로 할 것인가 하는 문제와 관련이 있습니다. 그런 상대를 극단적으로 가까운 곳에서 발견하는 것이 근친상간입니다. 즉 남매 사이의 결혼, 어머니와 아들의 결혼, 또는 아버지와 딸의 결혼인데, 이것은 '족내혼'의 가장 극단적인 경우로, 더 이상 가까워질 수 없을 정도로 극단적인 형태의 결혼입니다. 신화에서는 종종 이런 결혼이 화제가 됩니다. 이 경우 신화는 거리가 가깝다는 점에 깊은 관심을 나타내고 있는 것입니다.

그와는 반대로 '족외혼'은 여하튼 자신이 살고 있는 사회의 밖에 해당하는, 먼 곳에 있는 상대와 결혼하는 걸 의미했습니다. 이것은 근친상간의 반대입니다. 이 경우 인간 세계로부터 멀리 떨어져 있는 세계의 사람들을 결혼 상대로서 상상하게 됩니다. 인간은 육지에 사는 생물이므로 그런 상상의 대상으로는 물에서 사는 생물이 가장 적합합니다. 물속에 사는 이성과의 결혼은 이렇게 해서 '족외혼'의 극단적인 형태로 신화에 자주 등장하게 됩니다.

커뮤니케이션의 획득

신데렐라 이야기의 궁극적인 목적은, 원래는 하나였는데 불평등이 생기거나 서로 분리되어 중개기능을 상실한 것 사이에 다시 한 번 중개된 상태를 만드는 데에 있었습니다. 그것이 '해피 엔드'라는 것의 진정한 의미입니다. 모든 중개자의 이미지를 총동원해서 해피 엔드라는 결말을 이끌어내는 것. 신데렐라 이야기는 철저하게 이것만을 목표로 해서 만들어진 것으로서 신화적 사고에서의 행복론을 분명하게 표현하고 있기 때문에, 그토록 보편적인 사랑을 받아왔을 겁니다.

해피 엔드가 의미를 갖기 위해서는 중개기능이 결여된 상태가 서두에 제시되어야 합니다. 즉 세계가 중개기능을 상실해서 커뮤니케이션이 이루어지기 힘들게 된 상태, 또는 커뮤니케이션이 단절된 상태가 제시되어야만 합니다. 포르투갈판 신데렐라 이야기에서는 임금님과 왕자 사이의 커뮤니케이션이 단절된 상태입니다. 왕자가 '마법'의 힘에 의해서 물고기(다른 이야기에서는 백조)로 변신해버렸기 때문에, 비록 동일한 시공에 있다고 해도 임금님과 왕자 사이에는 커뮤니케이션이 단절되고 서로가 보이지 않게 되고 맙니다.

마찬가지로 주인공의 가족 내에서도 중개기능이 결여되어 있습니다. 막내딸은 매우 괴로운 입장에 처해 있습니다. 왜냐하면 가족들 사이에서 그녀는 사회적 커뮤니케이션이 단절된 상태이기 때문입니다. 그래서 그녀는 항상 아궁이 옆에 있으면서 동물이나 물고기와 교류하게 됩니다. 인간과는 커뮤니케이션이 불가능한데도, 혹은 그에 대한 보상으로서, 그녀는 자연과 초자연의 영역하고만 커뮤니케이션이 가능합니다. 그러나 이 상태는 세계 전체로 봐서는 아직 불균형한 상태라고 할 수 있습니다. 사회적 커뮤니케이션이라는 중요한 통로가 열려 있지 않기 때문입니다. 자연(=초자연) 하고만 연결되어 있던 아궁이 고양이라는 신데렐라가 인간 세계의 왕자님과 행복하게 맺어지고 나서야 비로소 원하던 사회적 커뮤니케이션이 실현됩니다.

포르투갈판 신데렐라의 재미있는 점은 아궁이 고양이가 수중 세계에 속하는 존재인 황금빛 물고기와 결혼한다는 데 있습니다. 황금빛 물고기는 우물 밑바닥에 살고 있는데, 우물 밑바닥은 수중 세계로 들어가는 입구로, 그녀는 그곳에 사는 황금빛 물고기와 결혼함으로써 '족외혼'을 실현시킨 셈이 됩니다. 이 형태는 '족외혼' 중에서도 극단적인 경우를 나타내고 있으므로 망자나 다른 세계의 존재와 결혼했다고 해도 될 겁니다.

아궁이 고양이의 용기 있는 행위에 의해 인간 세계와 인간 세계 밖의 세계 사이에 우선은 커뮤니케이션의 통로가 생긴 셈입니다. 그러자 지금까지 닫혀 있던 통로가 계속해서 열려 임금님은 잃었던 왕자를 되찾고, 임금님과 아궁이 고양이 사이에 예정되어 있던 결혼(일반적인 신데렐라 이야기의 패턴에서는 이 결혼만으로 충분하지만)이 갖는 (연령적인) 불균형은 해소되어, 왕자와 아궁이 고양이의 결혼이 성사됩니다.

그렇다면 이 포르투갈판 신데렐라에는 망자 또는 다른 세계의 존재와 커뮤니케이션을 가능하게 하는 회로를 여는 것의 중요성이 표현되어 있는 걸 알 수가 있습니다. 우리는 나중에 '신데렐라'가 전 세계에 분포하게 된 수수께끼에 접근해갈 생각인데, 그때가 되면 방금 알게 된 망자나 다른 세계와의 커뮤니케이션 문제가 곧 이 이야기가 갖는 까마득히 오랜 내력을 증명해준다는 걸 알게 될 겁니다.

인간 세계에서 가장 중개하기 곤란한 것은 망자와의 사이에 통로를 여는 일일 겁니다. 죽은 사람은 살아있는 사람에게는 대답하지 않으며, 우리도 망자의 세계에 들어가면 돌아오지 못합니다. 오르페우스 신화를 비롯해서, 신화가 최대 과제로 삼아온 것이 죽음의 영역과의 커뮤니케이션 단절이라는 아포리아입니다. 수중 세계라는 영역의 등장으로 인해 우리는 신데렐라 이야기의 원형에 훨씬 가까이 접근하게 되었습니다.

미나카타 구마구스의 대발견

이 포르투갈 민화를 단서로 해서 우리는 아시아 세계로 돌아가게 됩니다. 현재까지 발견된 세계에서 가장 오래된 신데렐라 이야기는 9세기의 중국에서 기록된 것입니다. 그 사실을 발견한 것은 메이지(明治: 1868~1911년까지의 일본의 연호―옮긴이) 시대의 대박물학자 미나카타 구마구스였습니다. 미나카타 구마구스는 9세기에 쓰여진 '중국 서적' 속에서 이 이야기를 발견했습니다. 당시에 유럽의 학자 그 누구도 동양에 신데렐라 이야기가 전승되고 있다는 생각은 해본 적이 없으므로 이것은 그야말로 인류학상의 대발견이었지만, 당시의 유럽 학자들은 일본에 학문이라는 것이 있으리라고는 생각하지 않았기 때문에 미나카타 구마구스의 발견을 별로 평가해주지 않았습니다. 그의 발견이 제대로 평가받기까지는 상당한 시간이 걸렸습니다.

다음 글이 미나카타 구마구스의 『서기 9세기의 중국 서적에 실린 신데렐라 이야기』(1911년)의 원문입니다. 원문은 메이지 시대의 문장이므로 어렵겠지만 읽어보기로 하겠습니다.

> 나는 23년 전에 미국에 체재하고 있을 때『유양잡조酉陽雜組』속집續集 권1에 해당하는 곳에 중국의 신데렐라 이야기가 있는 것을 발견해, 비망록에 기록해두었다가 그 후에 도기호류시土宜法龍師 등에게 알린 적이 있다. 영국의 민속학회가 예전에 여러 나라에 널리 퍼져 있던 여러 종류의 신데렐라 이야기를 모아서 출판한

책이 한 권 있었다. 나는 외국에 체재하는 동안 좋은 기회가 많았는데도 여러모로 일이 많아서 그만 이것을 읽지 못한 걸 유감으로 생각한다. 얼마 전에 런던에 있는 친구에게 부탁해서 위의 책에 중국의 신데렐라 이야기가 있는지를 조사해달라고 했더니 전혀 들어있지 않다는 답장을 받았다. 그러나 그 사람은 이런 것에 흥미가 없는 사람이기 때문에 사실 여부는 좀더 확인해 봐야 한다. 여하튼 자신이 오랫동안 고이 간직해온 것을 그대로 매장시켜버리는 것도 애석한 일이므로 여기에 그 글을 싣는다. 비록 이미 학자들 사이에 전부 알려진 것이라 할지라도 이 이야기를 유럽만의 독특한 것으로 생각하는 사람들의 이목을 넓히는 효과가 있지 않겠는가?

이야기의 내용은 이렇습니다

이어서 『유양잡조』의 원문이 시작됩니다. 이 책을 쓴 것은 단성식段成式이라는 산동山東 출신 사람으로 당나라 시대의 말기에 영남嶺南의 관리로 부임했습니다. 이 사람의 하인이 이사원李士元이라는 인물로, 중국 남부의 신기한 이야기들을 많이 기억하고 있었다고 합니다. 이 사원의 출신지는 '옹주동중邕洲洞中'으로 되어 있습니다.

여기서 '동洞'이라고 불리는 것은 현대 중국의 소수민족 '장족莊族'의 거주지에 해당하는 것으로 알려져 있습니다. 그 후에 장족의 거주지는 별로 변하지 않은 것 같으므로, 이사원이 전했던 신데렐라 이야기는 장족의 전승이었을 가능성이 매우 높은 듯합니다(기미지마 히사코君島久子, 「장족의 신데렐라와 그 주변—중장重葬과의 관계에 대해서」, 『예문연구藝文硏究』, 1989). 여하튼 이 이야기가 한족漢族의 전승이 아니라는 점이 중요합니다. 중국 남부의 소수민족과 일본인은 시대를 거슬러 올라갈수록 깊은 관계였다는 사실이 알려져 있으니까요.

이야기의 내용은 다음과 같습니다. 미나카타 구마구스의 원문을 인용하겠습니다.

진秦·한漢 이전에 동주洞主 오씨吳氏가 있었다. 그 지역 사람들은 오동吳洞이라고 부른다. 두 아내를 맞이했다. 첫 번째 아내는 죽었는데 딸이 있어 이름을 섭한葉限이라고 한다. 어려서부터 총명해서 돈을 잘 벌었다. 아버지는 이 아이를 사랑했다. 나이가 들어 아버지가 죽자 계모의 학대를 받았다. 항상 험한 산에서 나무를 하게 하고, 깊은 곳에서 물을 긷게 했다. 어느 날 물고기 한 마리를 얻게 되었다. 길이가 두 치 정도로 빨간 지느러미에, 눈은 금빛이었다. 결국 몰래 움푹한 그릇에 키웠다. 나날이 자라서 그릇을 몇 개나 바꿨어도 너무 커서 들어가지 않게 되었다. 곧바로 집 뒤에 있는 연못 속에 놓아주었다. 섭한은 먹을 것이 남으면 바로 물속에 가라앉혀서 그 물고기에게 먹였다. 그녀가 연못에 가면 물고기는 반드시 머리를 내밀고 물가로 나온다. 다른 사람이 가면 다시는 나오지 않는다. 그녀의 계모가 이 사실을 알고 항상 찾아가도 물고기는 한 번도 나타난 적이 없다. 그래서 딸을 속이려는 생각에서, 열심히 일하는 것이 기특해서 너를 위해 새 옷을 지었다고 말했다. 그리고는 곧바로 새 옷으로 갈아입고 다른 동네의 샘으로 가서 물을 길어오라고 했다. 몇 백 리나 떨어져 있는 셈이었다. 계모는 천천히 딸의 옷으로 갈아입더니 잘 갈아놓은 칼을 소매에 넣고 가서 연못을 향해 물고기를 불렀다. 물고기는 이내 머리를 내밀었다. 그러자 칼로 찔러 죽였다. 물고기는 이미 크기가 열 자가 넘었으며 그 고기를 요리하니 보통 물고기보다 배는 맛있었다. 그 뼈를 퇴비 밑에 숨겼다. 해가 저물어 딸이 돌아와서 연못으로 갔지만 다시는 물고기를 볼 수가 없었다. 곧바로 들로 가서 통곡을 했다. 그 순간 머리를 풀어 내리고 남루한 옷을 입은 사람이 하늘에서 내려와서 그녀를 위로하며, 울지 말아라, 네 어머니가 너의 물고기를 죽였으며 뼈는 똥 밑에 있으니까, 돌아가서 물고기의 뼈를 추려 방에 숨겨두었다가, 원하는 것이 있거든 그 뼈에 빌면 그대로 이루어질 거라고 했다. 딸은 그 말대로 해보니 보석이든 옷이든 먹을 것이든 원하기만 하면 뭐든지 생겼다. '동洞'의 축제가 열리는 날이 되어 어머니는 축제에 가면서 딸에게는 마당의 과실을 지키라고 했다. 딸은 어머니가 나가는 걸 멀리서 지켜보고 있다가 자신도 나갔다. 청록색 윗옷을 입고 금으로 된 신발을 신었다. 계모가 낳은 딸이 그 모습을 보고 어머니에게 언니하고 무척 많이 닮았다고 말했다. 계모 역시 그녀를 의심했다. 그녀는 그걸 깨닫고 부리나케 돌아오느라고 신발 한 짝을 두고 갔는데 '동'의 사람이 그걸 줍게 되었다. 계모는 돌아와서 딸이 마당의 나무를 안고 잠들어 있는 걸 보고 다시는 그녀를 의심하지 않았다. 그 '동'은 바다에 있는 섬 가까이에 있다. 섬 안에 타한陀汗이라는 나라가 있다. 병력이 강하고 수십 개의 섬이 있으며 수계水界가 수천 리에 이른다. '동'의 사람이 결국 그 신발을 타한국에 판다. 임금이 그 신발을 갖게 되자 주위에 그것을 신어보게 하라고 명령했다. 발이 작은 사람이 신어도 한 치 정도 작았다. 결국 나라 안의 모든 부인들로 하여금 그걸 신어보게 했지만 결국 맞는 사람이 한 명도 없었다. 털처럼 가볍고 돌을 밟아도 아무 소리가 나지 않았다. 타한의 왕은 그 '동' 의 사람이 부정한 방법으로 그걸 갖게 된 건 아닌가 해서 가두어 두고 고문을 했지만, 결국 어디서 온 건지를 알 수가 없었다. 결국 그 신발을 가져다가 길가에 놓아두고 인가를 돌아다니며 발이 맞을 만한 사람을 찾기로 했다. 그러던 중 신발이 맞는 여자가 나타났다. 그녀를 붙잡아서 왕에게 고했다. 수상하게 여긴 타한의 왕이 곧바로 그 방을 뒤져서 섭한을 찾아냈다. 그녀에게 신겨보니 딱 맞았다. 그러자 청록색 옷을 입고 구두를 신고 앞으로 나오는 섭한의 모습이 하늘에서 내려온 선녀와도 같았다. 그때서야 자초지종을 왕에게 말씀드리자, 물고기 뼈와 섭한을 태우고 자신의 나라로 돌아갔다. 그녀의 계모와 의붓동생은 그 직후에 징검돌에 맞아 죽었다. '동' 의 사람이 불쌍히 여겨 돌 구덩이에 묻고 오녀총懊女塚이라고 불렀다. '동' 의 사람이 아이를 갖게 해달라고 제사를 지냈는데, 딸을 원하면 반드시 들어주었다. 타한의 왕은 자신의 나라로 돌아오자 섭한을 왕비로 삼았다. 1년 동안 왕은 너무 욕심을 부려 물고기 뼈에 빌어 얻은 보석이 수없이 많았다. 해가 바뀌자 더 이상 들어주지 않았다. 왕은 곧바로 물고기 뼈를 해안에 묻더니 그 속에 구슬 백 석을 숨기고 가장자리를 금으로 둘렀다. 병졸이 반란을 일으킬 때가 되면 파헤쳐서 그걸 가지고 군을 살리려고 했는데, 어느 날 저녁에 바다의 조류에 쓸려가버렸다. 이 이야기는 성식의 옛날 하인 이사원이 이야기한 바에 의한 것이다. 사원은 원래 옹주邕洲의 동중洞中 사람으로 중국 남부의 많은 괴이한 일들을 기록해두었다.

물고기와 물고기의 뼈

'섭한'이라는 것이 중국 신데렐라의 이름입니다. 여기서도 섭한은 생모와 아버지를 잃고 계모 밑에서 고통을 당하는 걸로 되어 있습니다. '멀리 떨어져 있는 수심이 깊은 곳으로 가서 물을 길어 오너라' 하는 식으로 혹사를 당하던 섭한은 물가에서 물고기 한 마리를 얻게 됩니다.

물고기는 섭한에게 매우 친근하게 굴어 마치 애인 사이 같았습니다. 그런 상황을 알게 된 계모는 섭한을 먼 곳으로 보낸 틈을 타 물고기를 죽여서 먹어버립니다. 매우 맛있었다고 합니다. 여기서 중요한 일이 일어납니다. 계모가 먹고 남은 뼈를 분뇨가 버려져 있는 쓰레기장에 버린 겁니다. 물고기가 사라져서 슬퍼하고 있는 섭한에게 나타난 신선은 물고기 뼈는 퇴비 밑에 묻혀 있다고, 그 뼈를 파내서 숨겨두었다가 소원을 빌면 뭐든지 이루어진다고 말합니다.

중국의 신데렐라는 포르투갈판 신데렐라와 마찬가지로 수중 세계와 깊은 관련이 있습니다. 아름다운 물고기와 마치 애인 사이처럼 친했던 섭한은 느닷없이 그 물고기를 잡아먹히게 되지만 남은 물고기 뼈를 소중하게 다루어 행운을 거머쥐게 됩니다. 여기서는 '물고기 뼈'가 초자연적인 중개자 역할을 하는 셈입니다.

'물고기 뼈'를 소중하게 다루면 행운이 주어진다―이런 사고에는 수중 세계의 주인과 인간과의 관계를 둘러싸고 아주 오래 전부터 존재했던 사상이 배경이 되어 있습니다. 수중 세계의 왕(이것은 고래나 범고래와 같은 몸집이 큰 동물로 묘사되는 경우도 있지만, '연어의 왕' 같은 존재를 염두에 둔 경우가 많습니다)은 인간을 기아로부터 구원하기 위해서 자신의 휘하에 있는 물고기들을 인간에게 선물로 보내준다는 사상입니다. 이렇게 해서 '물고기의 왕' 한테 받은 물고기들을 섭한의 계모처럼 '맛있군 맛있어' 하며 먹고, 그 다음에 먹고 남은 뼈 같은 걸 함부로 버리거나 하면 큰일난다고 옛날 사람들은 생각했습니다. 자신이 정성껏 보낸 선물을 인간들이 소홀하게 취급하는 것에 대해 화가 난 '물고기의 왕'은 두 번 다시 인간들에게 풍부한 물고기를 갖다주지 않을 겁니다. 그렇기 때문에 인간은 다 먹고 난 물고기나 동물의 몸을 다룰 때는 충분한 배려가 필요하다고 생각했습니다. 이것은 자연 속에서 살아가고 있는 인간이 지켜야 할 근본적인 윤리관과 관련이 있습니다.

'수중 세계의 왕'이나 '숲의 왕'이 인간 세계에 보내준 것에 대해 인간은 어떻게 보답하면 좋을 것인가? 이 점에 대해 심각하게 생각했던 사람들은 감사하는 마음을 표현하는 다양한 양식을 만들고자 노력해왔습니다. 널리 행해졌던 방법으로는 물고기 뼈를 깨끗하게 발라서 감사의 마음을 담아 수중 세계의 왕에게 돌려주는 방법이 있습니다. 숲에 사는 짐승이라면 그 짐승의 뼈와 고기를 깨끗하게 분리해서 뼈를 멋지게 장식해, 인간에게 동물을 베풀어준 숲의 왕에게 돌려주는 제의가 행해지고 있습니다. 곰을 위한 아이누의 제사 의식에도 그런 사상이 분명하게 나타나 있습니다. 아메리카 인디언의 경우에는 북서부에서 연어가 많이 잡히는데, 이 연어의 뼈를 조금이라도 소홀하게 다루면 그들은 무척 화를 냈습니다. '그런 짓을 하면 그렇게 많은 연어가 두 번 다시 강을 올라오지 않게 된다' 그렇기 때문에 연어의 뼈를 소중하게 다루어서 물속으로 다시 한번 돌려보내는 의식을 치릅니다.

    섭한이 갖게 된 초자연적인 중개능력은 머나먼 수렵 시대부터 존재해왔던 동물 뼈를 다루는 법에 관한 이런 윤리 사상을 배경으로 하고 있다고 할 수 있습니다. 계모는 그것을 함부로 다루었기 때문에 중개기능을 상실하게 되지만, 섭한은 신선이 가르쳐준 대로 정중하게 '뼈를 숭배' 함으로 해서 중개능력을 획득해, 원하는 것은 뭐든지 손에 넣게 된 것입니다.

부富란 무엇인가?

섭한은 황금빛 물고기의 뼈의 중개에 의해 수중의 세계와 관계를 맺을 수 있게 되었기 때문에, 원하는 것은 뭐든지 손에 넣는 행운을 얻을 수가 있었습니다. 바다에서 고기를 잡거나 산에서 사냥을 할 때 어획물이나 사냥감을 가져다주는 것은 '물고기의 왕'이나 '산의 왕'이라는 이야기를 조금 전에 한 바 있습니다. 결국 '다른 세계의 왕'이 인간에게 풍부한 어획물이나 사냥감을 제공해준다는 생각을 인간은 아주 오래 전부터 갖고 있었는데, 그 경우 '다른 세계의 왕'은 그런 부를 인간에게 선물로서 증여해준다고 생각했습니다.

    게다가 증여에 대한 답례로 그 대가를 돈이나 물건으로 지불할 수는 없습니다. 실제로 그것은 지금도 매우 예의에 어긋난 것으로 간주됩니다. '자연의 왕'이기도 한 '다른 세계의 왕'이 인간에게 베푼 선물은 엄청나게 많아서 도저히 인간이 그에 대한 대가를 지불하기란 불가능하다는 것을 잘 알고 있기 때문에, 인간은 무형의 선물로 그런 배포 큰 선물에 대한 답례를 하고자 했습니다. 무형의 선물, 그것은 존경을 담은 정중한 의례를 통해서 동물들의 영혼을 되돌려보내는 것이며, 자연과의 사이에 윤리를 지키며 살아가는 것이라고 할 수 있습니다.

민화에는 이런 구석기 시대 이래의 오래된 사고가 변형되어 남아 있었던 것 같습니다. 부라는 것에 대한 생각도 바뀌어, 이제는 짐승이나 물고기를 많이 잡거나 수확을 많이 하는 것만이 부라고는 더 이상 생각할 수 없게 되었습니다. 풍부한 재산이나 장식품, 높은 지위 등을 가장 손에 넣고 싶은 부로 인식하게 되었지만, 사고의 기본 구조만은 조금도 변하지 않았기 때문에 민화에서도 역시 부는 망자의 세계나 다른 세계와의 사이에 통로를 열 수 있는 사람만이 손에 넣을 수 있는 것으로 여겨졌습니다.

'경제'라는 말의 원래의 의미는 '구두쇠'입니다. 즉 돈을 낭비하지 않고 집안에서 절약해서 순환시켜 가는 것이 경제입니다. 그런데 초자연이 가져다주는 부는 '경제'가 아니라 '증여'에 속하기 때문에, 그것이 가져다주는 것은 제한이 없으며 화려한 이미지를 갖고 있습니다. 절약하거나 아까워하거나 하지 않습니다. 원하는 것은 뭐든지 줍니다. 부에 대한 이런 관념이 신데렐라 이야기의 배후에 자리하고 있는 듯합니다. 경제의 틀에서 벗어나 있는 것, 바꾸어 말하면 부를 사회적으로 교환해가기 위한 회로에서 벗어나 있는 것에 대한 욕망이 신데렐라 이야기를 이끌어가고 있습니다. 유럽의 신데렐라 이야기에서는 별로 표면에 드러나지 않던 오래된 형태의 중개자(수중 세계의 왕)가 섭한의 이야기에서는 표면에 대두되어 있지만 그 반면에 초자연적인 중개자에 의한 원조가 경제 문제와 밀접한 관련이 있다는 인상을 받게 됩니다.

    중국에서 전승되던 신데렐라 이야기에는 이미 이런 분명한 경제적 욕망이 개입되어 있습니다. 중개자의 발견에 중점을 두고 있지 않으며, 초자연과의 소통도 전적으로 재물이나 부의 획득이라는 의미로 축소되어 있는 듯합니다. 게다가 생각해 보면 유럽의 신데렐라 이야기에서도, 결혼에 의해 상실된 사회적 중개상태를 발견하고자 하는 신화의 경우도, 당사자인 여성의 입장에서는 행운에 의해 사회적 성공을 거두는 것에 불과합니다. 그렇기 때문에 현대에서도 '신데렐라 스토리'라고 하면 결혼을 사회적 성공을 위한 지름길로 여기는 여성의 소망이 화제가 되는 거라고 해도 좋을 것입니다. 신데렐라 이야기는 인류 공통의 오랜 전통을 내포하면서 동시에 자본주의 정신과도 직결될 가능성이 많은 묘한 성격을 갖고 있습니다.

    그러나 혹시라도 인생의 최대 목적을 경제 활동이나 사회적 성공에 두지 않는 사람들이 이런 민화를 듣는다면 도대체 어떻게 생각할까요? 그런 사람들은 아마도 신데렐라 이야기에서 자본주의에 의해 오염된 부분을 씻어내고, 원래의 좀더 순수한 형태로 바꾸어서 이야기를 다시 만들고 싶어하지는 않을까요? 다음 장에서는 이 점에 대해 생각해 보고자 합니다.

Nakazawa Shinich
Kodansha : Cahier Sauvage Series No.1

VI

신데렐라에게 맞서는 신데렐라

Nakazawa Shinichi
Kodansha : Cahier Sauvage Series No.1

미크마크 인디언의 비평 정신

그런 이야기가 실제로 전승되고 있습니다. 북아메리카 인디언 미크마크족은 유럽인들 사이에서 구전되던 신데렐라 이야기를 예리한 비평 정신을 갖고 받아들여, 이것에 대항해서 그들 자신의 신데렐라 이야기를 창조했습니다.

온타리오 호湖를 중심으로 한 오대호 주변에는 알공킨 제족諸族이라고 불리는 사람들이 많이 살고 있었습니다. 그 중에서도 미크마크족은 매우 강력한 부족으로 일찍부터 프랑스계 캐나다인들과 적극적으로 접촉해왔습니다. 그렇기 때문에 아마도 18세기 경부터 그들은 샤를 페로의 동화집 내용 같은 것도 들어서 익히 알고 있었을 겁니다. 미크마크족과 프랑스계 캐나다인들이 밤에 모닥불 주위에 둘러앉아 서로가 알고 있는 옛날이야기를 나누던 모습이 여러 종류의 기록에 남아있습니다.

당시에 인디언들은 특히 신데렐라 이야기에 관심을 가졌던 것 같습니다. 신데렐라 이야기를 들은 미크마크 인디언은 재미있다고 생각하기도 하고, 형편없다고도, 혹은 말도 안 된다고 생각하기도 했던 것 같습니다. 뭘 말하고 싶은지는 잘 알겠지만 정신적인 수준이 낮다고 생각한 겁니다. 그들은 그야말로 진지한 태도로 신데렐라 이야기의 패러디를 만들었습니다. 아니 패러디라는 표현은 적당하지 않습니다. 그들은 전혀 다른 새로운 미크마크판 신데렐라를 하나의 신화로서 창작하려고 했습니다. 이 미크마크판 신데렐라의 내부 구조를 살펴보면, 신화를 창조적으로 만들어가고자 하는 사람들의 태도에 감명을 받게 됩니다. 또한 그 창조 능력에 놀라게 됩니다. 그때 만들어진 미크마크 인디언의 신화는 정신적인 수준이 매우 높은 내용이 되었습니다.

　원래 인디언 세계에는 재를 뒤집어쓴 소년 이야기를 비롯해서 신데렐라와 비슷한 유형의 신화가 여러 종류 전승되고 있었으므로, 그들은 유럽인들의 그 이야기가 뭘 말하려고 하는지 금방 이해할 수 있었을 겁니다. 그러나 아메리카 인디언과 유라시아 대륙의 신화적 세계가 분리된 지 이미 1만 년 이상 경과했으며, 그 사이에 양자는 전혀 다른 형태로 발전해왔습니다. 가령 '신데렐라의 원형에 해당하는 신화'가 공통적으로 존재했다 할지라도, 그 후의 사회 발전의 차이로 인해 서로가 전하는 이야기의 성질이 크게 변질되었을 겁니다. 인디언은 샤를 페로판 신데렐라가 신화의 정신을 왜곡시켰다고 느꼈습니다.

　그래서 그들은 자신들의 신데렐라 이야기를 만들려고 했는데, 그럼으로써 인디언은 유럽 문화를 통렬하게 비판하고자 했습니다. 유럽 문화의 경박함이나 여성의 수동성을 특히 강렬하게 비판하고 있습니다. 실제로 유럽의 신데렐라는 자신에게 열려 있을 것으로 생각되는 운명에 대해 그야말로 수동적으로 행동합니다. 비록 자신의 승리를 예감하고 있었다 하더라도 캐스팅 보트를 쥐고 있는 건 역시 왕자이며, 신데렐라는 그런 왕자의 마음을 붙잡기 위해서 초자연적인 중개자의 원조를 받아 이 세상의 그 누구하고도 비교할 수 없을 정도로 아름답게 꾸미고 기다리는 겁니다. 그리고 왕자님의 머릿속에 들어있는 생각이라고는 오로지 아름답고 매력적인 아가씨를 찾아서 결혼하는 것밖에 없습니다. 인류 최고最古의 철학인 신화의 정신이 이 정도로 경박해진 것을 미크마크 인디언들은 참을 수 없다고 느꼈습니다 (그렇다면 인디언들은 신데렐라 이야기가 틀림없는 신화 정신의 후예 라는 것을 간파한 셈이 되지 않을까요?).

미크마크 인디언은 예리한 비평 정신에 의해 다음과 같은 신데 렐라 이야기를 만들었습니다. 매우 감동적인 이야기입니다.

「보이지 않는 사람Invisible man」 이야기

이 이야기는 1884년의 『알공킨 전설집』에 수록되어 있습니다. 대강의 줄거리를 소개하겠습니다. 이것은 영어로 번역된 것으로, 「Invisible man(보이지 않는 사람)」이라는 제목이 붙어 있습니다.

옛날 옛날에 호숫가에 커다란 인디언 마을이 있었다. 이 마을의 외딴 곳에 집 한 채가 있었는데, 거기에는 보통 사람의 눈에는 보이지 않는 사람이 살고 있었다. 이 사람은 위대한 사냥꾼으로, 영혼의 세계에서 가장 높은 지위에 있는 헤라지카를 수호신teeomul 으로 모시고 있었다. 이 사람을 돌보는 일은 하나밖에 없는 여동생이 전부 맡아 하고 있었다. 그리고 이 사람을 '볼' 수가 있는 소녀라면 누구든지 이 사람과 결혼할 수 있는 것으로 알려져 있었다. 그렇기 때문에 많은 소녀들이 이 사람을 보기 위해 온갖 시도를 했지만, 아무도 성공한 사람은 없었다.

이런 식이었다. 저녁 무렵이 가까워져서 사냥 나갔던 '보이지 않는 사람'이 마을로 돌아올 거라고 생각되는 시각이 되면, 여동생은 호숫가에 와 있던 소녀에게 다가가서 함께 산보를 시작하는 것이었다. 여동생에게는 오빠인 '보이지 않는 사람'의 모습이 보였다. 그녀에게는 오빠가 항상 보였기 때문에, 오빠의 팔을 잡고 걸으면서 옆에 있는 소녀에게 이렇게 묻는 것이었다. "당신에게는 내 오빠의 모습이 보이나요?"

그러면 대부분의 소녀들은 이렇게 대답했다. "네, 물론이에요. 잘 보여요." 하지만 그 중에는 "아니오, 안 보여요"라고 말하는 소녀도 있었다.

여동생은 "보여요"라고 대답한 소녀에게는 다시 이렇게 물었다. "Cogoowa' wiskoboosich?(그럼 오빠가 어떤 어깨띠를 하고 있죠?)" 다시 이렇게 묻기도 했다. "오빠의 헤라지카 썰매는 어떤 채찍을 쓰고 있죠?"라는 식으로. 그러면 소녀들은 이렇게 대답하는 것이었다. "무두질한 가죽으로 만든 어깨띠죠"라고 하거나 "초록색 버드나무 가지로 만든 채찍이죠"라는 식이었다. 그러면 여동생은 이 소녀들에게 사실은 '보이지 않는 사람'의 모습이 보이지 않는다는 걸 알 수 있었기 때문에 조용히 "알았어요. 자 우리 'wigwam' (오두막)으로 돌아갑시다"라고 말했다.

오두막으로 들어가면 여동생은 소녀들에게 "저기에는 앉으면 안 돼요. 오빠가 앉는 곳이니까요" 하고 주의를 주었다. 그녀들은 저녁 준비를 도와주었다. 그녀들은 호기심으로 가득 차 있었다. '보이지 않는 사람'이 어떻게 먹는지 보고 싶었기 때문이다. 그러나 '보이지 않는 사람'이 돌아와서 집안에서 모카신 신발을 벗으면 다른 사람의 눈에도 보이게 되기 때문에, 그러고 나면 보통 사람과 똑같아졌다.

소녀들은 무슨 일이 일어나기를 기다렸지만 아무 일도 일어나지 않았다. 아무리 그녀들이 하룻밤 내내 이 사람과 함께 지내도 아무 일도 일어나지 않았다.

이 마을에 아내를 잃은 남자가 한 명 있었다. 그에게는 세 딸이 있었는데, 막내딸은 매우 몸집이 작고 약해 자주 병치레를 했기 때문에, 언니들은(특히 큰언니는) 막내 동생에게 상당히 심하게 대했다. 그래도 작은언니는 큰언니보다는 조금은 상냥한 편이어서, 막내 동생이 떠맡은 일을 도와주기도 했다. 그런데 큰언니는 벌건 숯으로 막내 동생의 손과 얼굴에 화상을 입혀, 막내는 온몸이 학대로 인한 상처투성이였다. 그래서 마을 사람들은 그녀를 'Oochigeaska', 즉 '누덕누덕 기운 듯한 피부의 소녀rough-skin' 혹은 '불에 덴 흉터가 있는 소녀burned skin girl'로 부르고 있었다.

아버지가 돌아와서 막내딸의 처참한 모습을 보고 어찌 된 일이냐고 물으니, 재빨리 큰언니가 이렇게 대답했다. "아무 것도 아니에요. 이 아이가 잘못한 거예요. 불 옆에 있으면 안 된다고 일러두었는데도 말을 듣지 않고 불 가까이에 있다가 불 속에 빠지고 말았어요."

그런데 이 두 언니에게도 마침내 차례가 돌아왔다. 드디어 '보이지 않는 사람'의 집으로 가서 자신들의 운을 시험해야 하는 날이 찾아온 것이다. 언니들은 한껏 모양을 내서 아름답게 보이기 위해 애썼다. 막내 동생이 아직 집에 있었기 때문에 그녀를 함께 데리고 호반까지 내려갔다. 그런데 드디어 '보이지 않는 사람'이 왔다. '보이지 않는 사람'의 질문에 대답해야만 하는 것이다. "저 사람이 보이나요?"라는 질문을 받고, 언니들은 "네, 물론 보입니다"라고 대답했다. 마찬가지로 어깨띠와 채찍에 대해 질문을 받자, "무두질한 가죽으로 된 것을 손에 쥐고 있습니다"라는 식으로 사실은 보이지도 않는데도 거짓말로 대답했기 때문에, 다른 소녀들과 마찬가지로 아무 일도 일어나지 않았으며 아무것도 얻지 못했다.

다음 날 밤 아버지는 작고 아름다운 조개를 많이 주워서 돌아왔다. 이 조개껍질은 'weiopeskool' (다른 인디언의 말로는 'wampum' 으로 불리는 조개껍질로 만든 염주)을 만들 수 있기 때문에 모두 함께 곧바로 'napawijik' (끈을 꿰는 작업)에 매달렸다.

불쌍한 'Oochigeaska' (불에 덴 흉터가 있는 소녀)는 평소에는 맨발이었는데 어느 날 아버지한테 낡은 모카신을 받았다. 모카신은 그녀에게는 너무 컸기 때문에, 그녀는 호수로 가서 모카신을 물에 담가 오그라들게 해서 자신에게 맞는 크기로 만들었다. 그리고 언니들에게 'wampum' 을 조금만 달라고 부탁했다. 큰언니는 "저쪽으로 가버려. 이 거짓말쟁이에 병균이 들끓는 아이야" 하며 쫓아버렸지만, 작은언니는 'wampum' 을 조금 나누어주었다.

다 헤진 천 약간으로 몸을 가렸을 뿐인 이 불쌍한 소녀는 숲으로 가서 자작나무의 껍질을 벗겨왔다. 그리고 나무껍질을 대충 손질해 옷으로 만들었다. 그걸 입으니 소녀는 마치 할머니처럼 보였다. 그리고 나서 페티코트를 입고 큼직한 가운을 걸치고, 모자와 손수건을 갖추고, 아버지한테 받은 무릎까지 덮어버릴 만큼 큰 모카신을 신고 나갔다. 그녀는 자신의 운명을 점쳐 보고 싶었던 것이다.

마을의 외딴 곳에 'wigwam' 이 있었는데, 그때 그녀의 눈에는 '보이지 않는 사람' 이 그곳에 있는 것이 확실히 보였다.

얼마나 운이 좋았던가? 그녀가 서있던 출입문 근처부터 그 사람이 있는 곳까지 '쉬잇- 쉬잇- 호호-' 하고 이상한 소리를 내는 기류가 흐르고 있었던 것이다. 언니들은 막내의 이 기묘한 차림을 보고 실컷 놀려대며 집에서 못 나가게 하려고 했다. 하지만 그녀는 말을 듣지 않았다. 언니들은 마침내 크게 화를 내며 놀려댔다. 급기야는 언니들이 큰소리로 "그만두지 못 해?" 하고 소리를 쳤지만, 그녀는 아랑곳하지 않고 성큼성큼 목적지를 향해 걸어갔다. 마치 유령 같은 것이 그녀를 조종하고 있는 듯했다.

상당히 기묘한 차림을 한 작은 여자아이가 불에 그을어서 오그라든 머리카락에 새빨갛게 상기된 얼굴을 하고, 체에 구멍이 뚫려 있기라도 한 듯이 눈을 크게 뜨고 한 점을 응시하며 다가왔다. 참으로 기이한 모습이었다. 하지만 '보이지 않는 사람'의 여동생은 이런 그녀를 따뜻하게 맞이했다. 왜냐하면 이 고귀한 영혼을 가진 여성은 모든 걸 겉모양이 아니라 그 속에 숨겨져 있는 것의 가치로 알 수 있었기 때문이다.

황혼 무렵이 되자 그녀는 소녀에게 호반으로 내려가자고 했다. 그리고 '보이지 않는 사람'이 다가오고 있는 걸 아는지 모르는지 시험해 보았다. "저 사람이 보이나요?" 하고 소녀에게 물었다.

"물론 보이고 말고요. 아아, 참으로 멋진 분이군요."

"저 사람의 채찍에 달려 있는 끈은 어떤 거죠?"

"무지개입니다. 무지개로 되어 있어요" 하고 대답했지만 그녀는 곧바로 무서워졌다.

"저 채찍 끝에 묶여 있는 끈은 뭐죠?"

"저건 말이죠, 'Ketak' soowowcht' (은하수예요)."

"당신에게는 정말로 보이는 것 같군요" 하고 여동생은 말하더니 그녀를 집으로 데리고 갔다. 그녀가 소녀의 몸을 정성스럽게 씻어주자 얼굴과 몸을 뒤덮고 있던 상처와 때가 말끔히 사라져 깨끗해졌다. 머리카락은 쑥쑥 자라서 마치 흑조의 깃털처럼 길고 아름다워졌다. 눈은 마치 별 같았다. 이토록 아름다운 소녀는 이 세상 어디에도 없을 것 같았다. 여동생은 보석 상자에서 여러 종류의 장신구를 꺼내, 소녀를 결혼에 어울릴 만한 차림으로 치장해주었다. 머리에 빗을 넣어 문지르자 점점 더 길어졌다. 놀랄 만한 일이 계속 일어났다.

이런 일들이 끝나자 그 여동생은 소녀에게 'wigwam' 안에 있는 아내 자리에 앉으라고 했다. 그 옆에 '보이지 않는 사람'이 앉는다. 그곳은 출입문 옆에 있는 자리다. 드디어 '보이지 않는 사람'이 방으로 들어왔다. 그는 성스럽게 느껴질 정도로 멋졌다. 그리고 이렇게 말했다. "Wajoolkoos(드디어 찾았군)."

"Alajulaa(네)." 하고 그녀는 대답했다. 소녀는 이렇게 해서 '보이지 않는 사람'의 아내가 되었다.

고귀한 영혼

이상이 미크마크판 신데렐라 스토리입니다. 여기에는 한마디로는 도저히 표현할 수 없을 정도로 많은 의미가 내포되어 있습니다.

우선 눈에 띄는 것은 미크마크족의 비평 정신이 가장 먼저 페로판 신데렐라 이야기를 지배하고 있는 '보이는 것' '보는 것' '보여주는 것'에 대한 집착을 향해 발동하고 있다는 점입니다. 페로판을 비롯한 유럽의 신데렐라 이야기에서는(아니 섭한을 주인공으로 한 중국판에서도!) 아름다운 이성을 찾으려는 욕망과 자신이 이성에게 아름답고 매력적으로 보였으면 하는 욕망이 강력하게 작용하고 있는 것을 알 수 있습니다. 왕자님은 자신의 결혼 상대가 될 '아름다운 여성'을 열심히 찾고 있지만, 왕자님에게 있어서의 '아름다움'이란 단순히 외관상 아름답고 매력적이라는 의미밖에 없습니다. 또한 신데렐라(상드리용)는 어떤가 하면 파티에서 다른 그 누구에게도 지지 않을 정도로 아름답고 호화롭게 차려입고 매력을 과시해, 어떻게 왕자님의 마음을, 아니 그보다도 욕망의 눈을 사로잡을 것인가에 온 신경이 집중되어 있습니다. 이것을 미크마크족은 경박한 인생관으로 본 겁니다.

그래서 유럽식의 신데렐라 이야기에 대한 근본적인 비평을 목적으로 한 미크마크판 신데렐라에서는 이 '보이는 것'과 '보여주는 것'을 철저하게 부정해버리는 일이 일어납니다. 이 이야기에서는 왕자에 해당하는 인물은 이름 그대로 '보이지 않는 사람'입니다. 수렵의 명인으로 모든 소녀들이 이상적인 결혼 상대로 생각하는 그 사람은 평소에는 '보이지 않는' 것으로 되어 있습니다. 소녀들은 혈안이 되어 이 '보이지 않는 사람'을 보려고 합니다. 그를 볼 수 있었던 소녀만이 결혼할 수 있기 때문에 소녀들도 필사적입니다. 그러나 그 누구의 눈에도 보이지 않습니다. 그도 그럴 것이 '보이지 않는 사람'은 초자연적인 힘의 영역을 넘나들 수 있는 매우 고귀한 영혼의 소유자인 샤먼과 같은 인물이기 때문입니다.

하지만 그런 사실을 모르는 소녀들은 '보이지 않는 사람'을 평범한 인간으로서의 결혼 상대로 보기 위해 필사적입니다. 왜 결혼하고 싶어했는가 하면 그가 뛰어난 사냥꾼이기도 했기 때문입니다. '보이지 않는 사람'은 헤라지카를 수호신으로 모시고 있기 때문에 언제든지 수렵에 성공할 수 있는 능력을 소유하고 있었습니다. 평범한 인디언 소녀들이 품고 있는 최대의 소망은 멋진 사냥꾼과 결혼해서 풍요로운 생활을 하는 것입니다. 이것은 왕자님과 결혼하고 싶어 했던 예전의 소녀들이나 부자이면서 핸섬한 청년과 결혼하고 싶어 하는 요즘 소녀들의 심리와 별로 다를 바가 없습니다.

'보이지 않는 사람'을 볼 수 있는 사람은 딱 두 명밖에 없었습니다. '보이지 않는 사람'의 여동생과 '누덕누덕 기운 듯한 피부'로 불린 소녀뿐입니다. 여동생에게는 '보이지 않는 사람'의 모습이 보입니다. 그것은 그녀 자신의 영혼이 고귀하기 때문일 겁니다. 그리고 '누덕누덕 기운 듯한 피부의 소녀'에게도 '보이지 않는 사람'이 보입니다. 영혼의 고귀함의 조건은 '모든 걸 겉모습이 아니라 그 속에 숨겨져 있는 것의 가치에 의해 아는 것'이라고 되어 있습니다. '누덕누덕 기운 듯한 피부의 소녀'는 학대를 받아 불에 데어서 얼굴 전체가 짓물렀으며, 머리카락은 오그라들었습니다. 겉모습을 보면 그렇게 더러운 여자아이가 없겠지만, 어찌 된 영문인지 그녀에게는 '보이지 않는 사람'이 보입니다.

아궁이의 재

'누덕누덕 기운 듯한 피부의 소녀'로 불렸던 그녀는 항상 아궁이 근처에 있어서 재나 검댕으로 더러워진 모습을 하고 있습니다. 신데렐라 이야기를 들은 인디언들은 신데렐라(상드리용)라는 이 소녀가 항상 아궁이 옆에 있었다는 점에 민감하게 반응하고 있습니다. 미크마크 인디언들은 이 이야기가 아궁이의 불이 갖고 있는 중개기능을 문제삼고 있는 이야기라는 것을 확실히 이해했으며, 게다가 유럽판에서는 이미 그 의미가 불분명해져 버린 '아궁이라는 주제'를 다시 한 번 진정한 신화적 사고의 현장으로 되돌려 놓으려 하고 있다는 걸 알 수가 있습니다.

샤를 페로는 왜 이 소녀가 항상 아궁이 옆에 있어야만 했는가 하는 이유를 확실히 이해하고 있는 것 같지는 않습니다. 그저 그렇게 하고 있으면 더러운 모습이 되며, 가사 노동 중에서도 최하층의 것이라는 식으로밖에 이해하지 못했던 것은 아닌가 여겨집니다. 이 이야기를 듣고 있던 프랑스의 부인들과 소녀들도 대개 그 정도로 이해했을 겁니다.

그러나 인디언은 이것을 철학적('인류 최고의 철학인 신화적으로'라는 표현이 적절할지도 모릅니다)으로 이해했습니다. 그들은 아궁이가 인간의 세계와 영혼의 세계를 중개하는 장소라는 것을 피부로 느꼈기 때문에, 신데렐라가 항상 아궁이 옆에 있어서 아궁이의 재를 뒤집어쓴 소녀라는 걸 듣기만 해도 뭔가 느끼는 바가 있었을 겁니다. 그들에게도 인간은 '보이는' 세계에 살고 있는 존재이지만 영혼은 '보이지 않는' 세계에 살고 있으며, 아궁이는 이 '보이는' 세계와 '보이지 않는' 세계의 중개자인 셈이므로, 항상 아궁이 옆에 있어서 재를 뒤집어쓴 소녀라고 하면 그 위치로 인해 '보이는 것'과 '보이지 않는 것'의 중개자가 될 자격을 갖는다고 생각한 겁니다.

그렇기 때문에 신데렐라 이야기를 들었을 때, 인디언들은 아궁이 옆에 있는 소녀에게 왜 믿을 수 없는 행운이 찾아왔는지 그 의미를 확실히 이해했을 겁니다. 그런 이해를 좀더 강력하게 표현하기 위해서 '누덕누덕 기운 듯한 피부의 소녀'라는 이름의 또 한 명의 신데렐라에게는 아궁이 옆에 있을 뿐 아니라 장작불에 데어서 피부가 누덕누덕 기운 것처럼 되어버리는 식의 '변형'이 일어납니다. 그녀 자신의 얼굴이 아궁이와 마찬가지로 불붙은 장작이나 숯으로 인해 추하게 변합니다. 이렇게 해서 '누덕누덕 기운 듯한 피부'는 매우 추한 용모로 변해버리는데, 이것이 또 하나의 중요한 의미를 갖습니다.

그녀 자신이 이미 아궁이와 같은 존재이므로 신화적 사고에서의 아궁이의 의미 부여에 의해 '누덕누덕 기운 듯한 피부의 소녀' 스스로가 '보이는' 세계와 '보이지 않는' 세계를 중개하는 위치에 설 수 있게 됩니다. 게다가 그녀는 외견상으로는 가장 더러운 여자아이가 되어버렸습니다. 이것은 집 안에서 검댕이나 먼지가 가장 많이 쌓여 있는 곳이 아궁이가 있는 장소라는 것과 대응하고 있습니다. 여기에서 여러 가지 가치나 의미의 전환이 일어나는데 그곳이 하필이면 재로 뒤덮여 있는 장소입니다. 신데렐라는 '마술지팡이'를 한 번 휘두름으로 해서 아름다운 여성으로 변신하지만, '누덕누덕 기운 듯한 피부의 소녀'의 경우는 왕자님에 해당하는 '보이지 않는 사람' 앞에 섰을 때도 여전히 이 화상의 흉터가 남아있는 추한 모습을 하고 있습니다.

세밀한 부분에 이르기까지의 주도면밀한 반전

'누덕누덕 기운 듯한 피부의 소녀'의 언니들과 다른 귀여운 소녀들은 '보이지 않는 사람'을 보기 위해 아름답게 치장을 합니다. 이것은 '보이지 않는 사람'을 보기 위한 최악의 방법입니다. 아름답게 치장함으로써 소녀들은 자신의 겉모습을 '보이지 않는 사람'에게 봐 달라고 하고 있는 셈이지만, 이 사람은 공교롭게도 모든 것의 겉모습을 '보지 않는' 사람입니다. 그 점이 유럽의 신데렐라 이야기에 나오는 왕자님과 매우 다른 부분입니다. 인디언은 아마도 유럽의 왕자님에 대해 참으로 정신적인 수준이 낮은 바보라고 생각했던 것 같습니다. 왕자님은 겉모양으로만 이루어진 세계를 욕망의 눈을 통해 보려 하고 있습니다. 다행히 신데렐라의 성격이 좋았기 때문에 실패는 하지 않았지만, 이런 왕자님은 절대로 세계의 진실을 볼 수가 없습니다.

그런데 '보이지 않는 사람'이 손에 넣으려고 하고 있는 것은 아름다운 영혼입니다. 인디언의 사고 안에서 아름다운 영혼은 고도의 초능력을 갖고 있으며, 그렇기 때문에 '보이지 않는 것'을 '보는' 것이 가능합니다. 그렇기 때문에 아름다운 영혼은 겉모양에 현혹되는 걸 피할 수가 있습니다. 아무리 겉모양이 아름다운 것을 봐도 그 속에 어떤 영혼이 숨어 있는지를 아는 겁니다. '보이지 않는 사람'은 그것을 '누덕누덕 기운 듯한 피부의 소녀' 안에서 발견합니다. '누덕누덕 기운 듯한 피부의 소녀'는 확실한 후원자도 없으며 작고 병약하며 더럽고, 재와 검댕과 먼지를 뒤집어쓴 상태이지만, 그녀는 아무런 어려움 없이 '보이지 않는 사람'을 볼 수가 있었습니다. 아름다운 영혼의 소유자였기 때문입니다.

그런 그녀가 '보이지 않는 사람'을 만나러 갈 때 한껏 치장을 했습니다. 이 치장이 또한 매우 귀엽습니다. 인디언의 뛰어난 유머 감각을 느낄 수 있습니다. 결코 아름다운 모습은 아닙니다. 헐떡거리는 아버지의 신발을 신고 나갑니다. 헐떡여서 신발을 질질 끌어 헐떡거리는 소리를 내며 걸어가는 겁니다. 게다가 방금 잘라온 자작나무를 벗겨서 그걸로 옷을 만들어 걸치고 있습니다. 그야말로 기묘한 차림을 하고 '보이지 않는 사람'의 집을 향해 간 셈인데, 여기에서도 세밀한 부분에 이르기까지 주도면밀하게 신데렐라 이야기를 반전시키고자 하는 섬세한 배려를 발견할 수 있습니다.

'누덕누덕 기운 듯한 피부의 소녀'는 아버지한테서 헐떡거리는 모카신(moccasin: 구두의 시초로 여겨지는 것으로, 북아메리카 인디언이 털가죽으로 만들어 신던 신발—옮긴이)을 받습니다. 이것은 신데렐라가 받은 요정의 구두를 반전시킨 것입니다. 요정의 구두는 신데렐라의 발에(신데렐라의 발에만) 딱 맞습니다. '딱 맞는다'는 것에는 어쩐지 에로틱한 느낌이 따라다니는데, 여기에는 중국의 전족纏足과 같은 성적인 의미가 담겨 있는 것 같습니다. 게다가 작은 신발입니다. 유리구두, 은으로 수가 놓인 신발, 금으로 된 신발. 어쨌든 전부 화려한 신발들입니다.

그런데 '누덕누덕 기운 듯한 피부의 소녀'가 신은 신발은 아버지가 신던 신발입니다. 너무 커서 헐떡거렸기 때문에 물에 적셔서 작게 만들었는데, 물에 적셔서 작게 만드는 이런 행위도 구두가 딱 맞는 상대를 찾아서 임금님 일행이 전국을 헤매는 장면과 관계가 있습니다. 요컨대 모든 것이 패러디인 셈입니다.

이렇게 헐떡거리는 신발을 신고 처음으로 그녀는 '보이지 않는 사람'의 집을 향해 떠납니다. 여기서도 '신발'이 중요한 역할을 하고 있습니다. 신데렐라는 작고 아름다운 신발을 신고 무도회에 갑니다. 그리고 마지막에 그녀와 왕자를 맺어주는 결정적인 역할을 하는 것도 이 신발이었습니다. 미크마크판 신데렐라에서도 신발은 중요합니다. 하지만 형태도 기능도 전부 반전된 형태로 중요한 역할을 수행하고 있습니다. '요정한테 받았으며 새것이고 딱 맞으며 다른 누구에게도 맞지 않는 신발'이 '아버지한테 받았으며 헌 것이고 헐떡거려서 자신에게 맞지 않는 신발'로 반전되어 있습니다.

요컨대 이 미크마크판 신데렐라 이야기는 세부 사항에 이르기까지 주도면밀하게 페로판 신데렐라를 반전시켜서 만들었습니다. 이런 반전이 이루어질 때는 이따금 메시지의 반전이 일어납니다. 여기에는 인디언의 결혼 철학이 나타나 있는데 그런 철학은 유럽판 신데렐라에 나타나 있는 사고방식과는 매우 이질적인 것입니다. 전세계에 분포되어 있는 신데렐라 신화는 우주를 구성하고 있는 수많은 층의 모든 레벨 사이에 존재하는 중개기능을 온 힘을 다해서 발견하고자 하는 것으로, 결말에 해당하는 결혼에 의한 해피 엔드도 그런 중개의 한 형태에 불과한 것이었을 겁니다. 그것이 유럽의 민화로 변형되자 다른 중개기능을 이용해서 오로지 사회적 중개기능인 결혼이라는 해피 엔드로 몰아가려는 경향이 노골적으로 드러나고 말았습니다. 그렇기 때문에 신화의 내용 전체가 '겉으로 드러나 보이는 것에 대한 욕망'에 의해 오염되어 버렸다고 인디언은 생각했던 게 아닐까요?

이 이야기의 마지막 부분에서 '보이지 않는 사람'에게 발견된 이 소녀가 초능력을 지닌 여동생의 손에 의해 화상의 흉터가 지워지고, 불에 그을어서 오그라든 머리카락도 그녀의 빗질에 의해 곱게 변해, 세상에 둘도 없는 아름다운 여성이 된 것을 보고, "뭐야? '보이지 않는 사람' 역시 예쁜 여자를 좋아하잖아?"라고 비꼬는 사람이 있을지도 모르기 때문에 마지막으로 한마디 덧붙이겠는데, 여기서 거론되고 있는 '아름다움'은 별이나 들꽃이나 동물과 같은 아름다움을 의미하는 것으로, 인간의 화장이나 치장에 의해 만들어낼 수 있는 것이 아니며, 또한 이런 자연스러운 아름다움은 누구에게나 숨어있는 것이므로 여러분, 부디 안심하시기 바랍니다.

Nakazawa Shinichi
Kodansha : Cahier Sauvage Series No.1

VII

신발 한 짝의 수수께끼

Nakazawa Shinichi
Kodansha : Cahier Sauvage Series No.1

작은 발과 헐떡거리는 신발

마지막까지 남겨둔 문제를 해결하기로 합시다. 그것은 벗겨져서 두고 간 신데렐라의 신발 한 짝에 대한 문제입니다.

신데렐라 이야기에 대해 비평적이었던 미크마크족도 '누덕누덕 기운 듯한 피부의 소녀'가 신은 신발에는 커다란 의미를 부여하고 있습니다. 아버지가 신던 모카신을 받은 그녀는 헐떡거리는 그 신발을 신고 '보이지 않는 사람'의 집을 향해 걸어갑니다. 그 신발을 신음으로써 자신의 집에서 '보이지 않는 사람'의 오두막까지 똑바로 길이 생겼습니다. 그 신발이 길을 만들어준 겁니다. 게다가 마지막까지 '누덕누덕 기운 듯한 피부의 소녀'는 헐떡거리는 그 신발을 깜빡해서 벗어 놓고 오거나 하지는 않습니다. 정반대의 의미이긴 하지만 신발은 여기서도 중요한 의미를 갖습니다.

그렇다면 신데렐라가 떨어뜨리고 간 작은 신발 한 짝은 도대체 어떤 의미를 갖고 있는 걸까요? 신화학에서 이것은 오랫동안 풀리지 않는 수수께끼였습니다.

이 수수께끼에 대해서 레비 스트로스는 이것이 일련의 오이디푸스 신화들과 관계가 있는 것으로 추정하고 있는 듯합니다. 오이디푸스는 한쪽 발의 복사뼈가 제 기능을 못해 자유로이 걸어다니지 못하는 사람이었습니다. 이 주인공을 중심으로 해서 고대 그리스에서 전승되던 신화에서 이것은 '인간이 대지로부터 태어났다는 사실'에서 오는 모순과 관계가 있는 것으로 여겨졌습니다. 대지로부터 완전히 이탈하지 못한 인간은 한쪽 발이 부자유스런 상태로 걸을 수밖에 없다는 생각이 있었는데, 신데렐라도 지하의 망자 세계(그림판)와 야수의 세계(페로판)와 깊은 관련을 맺고 있던 여성으로서 지상과 대지를 중개할 수 있는 능력 대신에 신발 한 짝을 잃어 자유롭지 못한 걸음을 걸을 필요가 있었던 것은 아닐까 하는 추론입니다.

이것은 매우 흥미로운 추론입니다. 게다가 이것을 돌파구로 해서 우리가 원하는 '신데렐라의 원형에 해당하는 신화'에 접근할 수 있을지도 모릅니다. 그러므로 우선 오이디푸스 신화에 대한 검토부터 시작하기로 하겠습니다.

오이디푸스 신화

오이디푸스 신화는 그리스 신화 중에서 가장 유명한 것 중의 하나입니다. 후에 이것은 소포클레스에 의해 비극으로도 만들어져 『오이디푸스 왕』이라는 유명한 극이 됩니다.

오이디푸스는 아버지를 죽이고 어머니와 결혼한 남자입니다. 테베의 왕 라이오스에게 아이가 태어났는데, 그 아이의 운명에 대해서 불길한 신탁이 내려집니다. 왕에게 새로 태어나는 아이는 아버지를 죽이고 어머니와 관계를 맺게 되리라는 신탁입니다. 신탁이 실현될 것을 두려워한 왕은 오이디푸스를 머나먼 곳으로 보내버립니다. 세월이 흘러 오이디푸스는 훌륭한 젊은이로 성장합니다. 그리고 아무 것도 모르는 채 오이디푸스는 라이오스 왕이 통치하는 테베의 수도로 돌아옵니다.

참고로 말하자면 라이오스라는 이름도 오이디푸스라는 이름도 '발에 결함이 있는' '부상한 상태인' 과 같은 의미를 포함하고 있었던 것 같습니다. 라이오스 왕과 오이디푸스는 둘 다 '절뚝거리다' 라는 의미를 가진 이름이었던 셈입니다.

그런데 테베의 수도를 향해 가고 있는 오이디푸스 앞에 스핑크스라는 괴물이 나타납니다. 이집트의 피라미드 옆에 있는 그 유명한 스핑크스입니다. 이것은 그리스를 중심으로 한 세계에 널리 알려져 있던 망자 세계의 괴물입니다. 망자는 대지와 깊은 관계가 있으므로 스핑크스는 대지에 대한 중력을 체현하고 있는 셈입니다. 여러 동물의 특징을 섞어 놓은 듯한 잡종 동물의 모습을 하고 있으며, 나그네가 지나가면 수수께끼를 내서 풀지 못하면 그 나그네를 죽입니다. 그리고 지금까지 그 누구도 무사히 스핑크스 앞을 통과한 사람은 없었습니다.

오이디푸스는 스핑크스가 낸 수수께끼를 풀고 이 괴물을 죽입니다. 어떤 수수께끼였는가 하면, "아침에는 발이 넷이고, 낮에는 발이 둘이며, 저녁에는 발이 셋인 것은 뭐지?" 라는 내용입니다. 이 수수께끼에 대답한 사람은 그때까지 아무도 없었는데, 오이디푸스가 서슴없이 그걸 풉니다. 답은 '인간' 입니다.

오이디푸스는 테베에 도착합니다. 그곳에서 사람들이 하는 이야기를 통해, 나이가 많은 라이오스 왕이 매우 포악한 왕으로 변해 민중의 증오 대상이라는 걸 알게 되었습니다. 오이디푸스는 민중의 기대에 부응해서 왕을 죽이고 왕비와 결혼합니다. 이 왕비야말로 바로 자신의 어머니인 줄도 모르고 결혼을 합니다. 오이디푸스는 어머니와 근친상간을 범합니다.

그 후에 테베의 마을에 전염병이 퍼집니다. 그리고 전염병의 원인은 오이디푸스가 자신의 어머니와 결혼했기 때문이라는 신탁이 내립니다. 사실을 알게 된 오이디푸스는 절망해서 어머니를 죽이고 자신도 눈을 찔러 장님이 되어 그곳을 떠납니다. 이것은 소포클레스가 쓴 비극의 줄거리인데, 예전에는 그리스에 여러 종류의 이야기들이 널리 구전되어 왔던 것 같습니다.

수수께끼와 근친상간

우선 스핑크스가 나그네에게 냈던 수수께끼에 대해 생각해 봅시다. 아니 수수께끼란 인류 문화에 있어서 과연 뭘까요? 간단한 수수께끼를 하나 소개하기로 하죠. "먹어도 먹어도 줄지 않는 건 뭐지?" 답은 '나이'입니다. 이 수수께끼에서는 맨 처음에 나오는 '먹다'가 그 다음에 나오는 '줄다'에 의해서 그 대상이 구체적인 물체로 이해되는 걸 이용해서 '밥을 먹다'의 '먹다'와 '나이를 먹다'의 '먹다'를 뒤바꾸어 놓습니다. 그럼으로 해서 처음에 유도되었던 '먹을 수 있는 음식물'이라는 이미지가 '줄지 않는다'에 의해 혼란스러워지는데, '먹다'가 '나이를 먹다'의 '먹다'라는 걸 알고나면 "난 또 뭐라고"라는 식의 반응을 보이게 됩니다.

이와 같이 수수께끼에서는 일반적으로는 동떨어진 의미 영역에 놓여 있던 이미지들이 서로 느닷없이 가까워짐으로 해서 놀라움이나 기쁨이 발생하도록 이루어져 있습니다. 스핑크스가 낸 수수께끼들에서도 "아침에는 발이 넷이고, 낮에는 발이 둘이며, 저녁에는 발이 셋인 것은 뭐지?"라는 질문에 대해 흔히 볼 수 없는 특이한 생물을 상상으로 떠올리게 되지만, 사실은 그것이 다름 아닌 바로 '인간'을 가리킨다는 것에 깜짝 놀라게 됩니다.

수수께끼는 이처럼 평소에는 멀리 떨어져 있는 것들을 갑작스럽게 접근시키려는 시도를 합니다. 그런 점에서 수수께끼는 신비로우면서 또한 위험한 것이 되기도 하는 겁니다. 도저히 풀 수 없는 어려운 수수께끼에서는 질문과 대답의 이미지가 서로 멀리 분리되어 있는 상태가 오랫동안 지속됩니다. 그 질문에 대해 멋진 답이 주어진 순간 그 둘 사이에는 급격한 접근이 이루어집니다. 그래서 수수께끼를 내거나 풀거나 하는 것은 위험하다고 여겨지게 되었던 것입니다.

옛날에는 수수께끼를 해도 되는 시간이 따로 정해져 있어 다른 때는 절대로 해서는 안 됐습니다. 예를 들면 옛날 필리핀의 마을에서는 수수께끼는 장례식 전날 밤에만 할 수 있는 것으로 정해져 있었습니다. 장례식 전날 밤에는 평소에는 분리되어 있던 온갖 것들 사이에 급격한 접근이 일어납니다. 산 자와 죽은 자가 한 공간에 동거하고, 웃거나 울거나 하는 행위가 동일한 장소에서 이루어집니다. 장례식 전날 밤은 그야말로 수수께끼와 똑같은 구조를 갖고 있었기 때문에 평소에는 꺼리던 이 놀이를 이 날만은 공공연하게 즐겼던 겁니다.

부자유스런 한쪽 다리

그런데 이렇게 되면 스핑크스가 낸 수수께끼를 오이디푸스가 간단히 풀어버림으로써 중대한 결말에 이르게 된 이유를 이해할 수 있게 됩니다. 수수께끼는 평소에는 분리되어 있어야 할 것들을 서로 급격하게 접근시키는 작용을 합니다. 그것은 그야말로 언어상으로 행해지는 근친상간이라 할 수 있을 겁니다. 아들과 어머니는 서로 적정한 거리를 유지하고 있어야만 합니다. 그러나 수수께끼를 풀어버린 오이디푸스는 이제부터 접근해서는 안 되는 것에 과도하게 접근함으로써, 존경해야 할 상대에게 엄청난 결례(살해)를 범하게 될 것이라는 암시가 여기에 나와 있습니다. 여기에 작용하고 있는 것은 분명히 하나의 신화적 사고입니다.

수많은 비극을 겪은 후에 오이디푸스는 자신의 눈을 찔러 장님이 됩니다. 그리고 왕위를 버리고 딸의 손에 이끌려서 방랑의 여행을 떠나게 됩니다. '수수께끼를 풀고, 아버지를 죽이고, 어머니와 근친상간을 범하고, 장님이 되어 죽음의 방랑길에 오른다.' 오이디푸스가 취한 이런 일련의 행동들에는 전부 좌우대칭성이나 균형이 결여되어 있습니다. 어느 한편에 치우쳐 있어 지상에서의 자유로운 행동을 저해하고 있는 것들뿐입니다. 여기서 그와 그의 아버지의 이름이 중요한 의미를 갖게 됩니다. 즉 '절름발이'의 이미지입니다.

진즈부르그의 연구

일련의 오이디푸스 신화들 중에서 절름발이라는 주제는 매우 중요한 의미를 갖고 있습니다. 라이오스도 오이디푸스도 한쪽 다리가 부자유스럽다는 의미의 이름이라는 것은 앞에서 이미 말했습니다. 이와 같이 신화에는 절름발이의 이미지가 잘 나타나 있습니다. 또한 같은 것을 표현하는 것으로서 신발 한 짝이 벗겨져 있는 존재도 등장하게 됩니다. 무도회에서 도망쳐 나오는 도중에 계단에서 신발 한 짝이 벗겨지는 신데렐라는, 신화에서는 결코 고독한 캐릭터는 아닌 것 같습니다.

외발로 걷거나 달리거나 하는 행위가 중요시되던 제의도 많았습니다. 실제로 로마 시대에도 '루페르칼리아Lupercalia(이리에게 홀린 사람들)'라고 불리는 제의를 위한 젊은이들의 집단이 있었는데, 이 젊은이들에게는 제의 중에 난폭한 행패를 부리는 것이 허용되었습니다. 그들은 보통 용감한 전사로 알려져 있던 젊은이들인데, 이 제의 때는 한쪽 발에만 샌들을 신고 절뚝거리며 난폭한 행패를 부리곤 한다고 합니다. 재미있는 것은 루페르칼리아라는 제의는 망자를 위한 제의로, 절뚝거리는 젊은이들은 망자를 표상하고 있었다는 사실입니다. 망자의 영혼이 살아있는 사람들의 세계에 모습을 드러낼 때 신발 한 짝을 벗고 있거나 절뚝거리며 나타난다는 전승이 널리 퍼져 있습니다(외발의 요괴 같은 것도 이것의 일종입니다). 이처럼 절뚝거리는 행위에는 뭔가 깊은 의미가 있을 것 같다는 것은 어렴풋이 짐작하고 있었는데, 그것을 연구로서 정리한 사람이 카를로 진즈부르그Calro Ginsburg라는 이탈리아의 역사학자입니다.

이에 대한 연구는 진즈부르그의 책 『어둠의 역사Storia Notturna』에 수록되어 있는 「뼈와 가죽」이라는 논문에 나와 있습니다. 이것은 매우 중요한 연구입니다. 유라시아 대륙을 널리 둘러보면 한쪽 다리가 자유롭지 못하거나, 한쪽 다리의 길이가 다른 한쪽과 다르거나 하는 식의 주제가 매우 광범위하게 퍼져 있는 걸 발견할 수 있으며, 대부분의 경우 뼈와 절뚝거리는 것 사이의 깊은 관계가 드러나 있습니다. 그리고 그런 점이 신데렐라 이야기를 멀고 어두운 유라시아 대륙의 역사의 어둠으로 연결시켜 주고 있다는 겁니다.

진즈부르그는 이 긴 논문에서 일련의 오이디푸스 신화들을 장황하게 분석한 다음에 부자유스런 한쪽 다리라는 중요한 주제가 거기에 잠재되어 있다는 것을 밝힙니다. 오이디푸스는 대지에 묶여 있는 존재입니다. 대지에 묶여 있기 때문에 그는 절뚝거려야 하는 것으로 여겨졌습니다. 반쯤 대지에 묶여 있는 그는 자유로이 움직일 수 없는 존재인 셈입니다.

여기서 거론되고 있는 '인간의 대지성大地性'은 깊은 실존적 의미를 갖고 있습니다. 개체의 생존을 둘러싸고 있는 거대한 것이 있습니다. 이것이 '대지성' 이미지의 근원에 있는 것으로 종종 어머니나 여성의 이미지와 결합되어 '대지모신大地母神'과 같은 생각을 낳았습니다. 이런 관념에는 보편성이 있습니다. 신화적 관념 같은 것이 더 이상 통용되지 않는 것처럼 보이는 현대 사회에서도 개체의 생존은 그것을 둘러싸고 있는 '종種'의 영속을 위해서만 의미를 지니며, 그런 영속성을 유지시켜 주는 것이 유전자라는 생각이 보편화되었습니다. 이런 현대의 사고방식에서도 개체의 실존을 구속하고 있는 뭔가 엄청나게 깊고 묵직한 것의 존재가 고려되어 있습니다. 개체는 그 안에 있으므로 자유로이 움직일 수가 없습니다. 그런 중력을 가진 부동성不動性의 존재를 옛날 사람들은 '대지성'이라고 했으므로 인간 실존의 조건은 지금도 여전히 변하지 않았다고 할 수 있지 않을까요?

우리 인간은 원래 대지로부터 태어났다고 생각하는 것이 잘못된 생각은 아닐 겁니다. 우리는 대지에서 태어나 대지 속에 매장됩니다. 어머니의 신체를 통해서 이 세계에 태어나기 전에 우리는 대지성에 연결되어 있었습니다. 그리고 개체성을 획득한 후에도 대지로부터 완전히 분리될 수는 없습니다.

실존의 모순

신화적 사고는 이 점을 다음과 같이 취급했습니다. "우리는 어머니인 대지로부터 하나의 인간으로 태어났다. 우리는 개체인데 이 개체는 '어머니=대지'의 일부인 것일까? 혹은 그것을 부정한 개체인 것일까?" 신화에서 제시한 이 문제는 인류의 사고에 주어진 최대의 난문難問입니다.

신화는 이 어려운 질문에 직면하자 인간을 모순된 존재로 취급하는 것으로 빠져나가려고 했습니다. 우리는 대지에 속해 있지만, 그것을 부정하면서 귀속된다는 모순된 모습을 보이고 있다는 생각입니다. 이러한 모순을 표현하기 위해서 신화는 다양한 이야기들을 만들어냈습니다. 그 중의 하나가 오이디푸스 신화입니다. 오이디푸스는 인간 실존의 모순을 표현하고 있는 겁니다. 그 점은 그가 바로 그런 것을 문제삼은 스핑크스의 수수께끼를 풀어버렸다는 점에도 나타나 있지만, 대지에 대한 귀속성을 유지한 상태의 개체이기도 하다는 모순은, 나아가서는 그의 한쪽 다리가 자유롭지 못해서 항상 절뚝거리며 지상을 걸어야 한다는 형태로 표현되어 있는 셈이 됩니다.

어머니나 아버지와의 관계가 불안정하다는 것에도 그런 점이 잘 나타나 있습니다. 항상 주위의 관계에 대해 적정한 거리를 유지한 균형 잡힌 대응이 가능하면 다행이지만, 우리는 자신이 안고 있는 실존적 조건에 의해 항상 좌우가 불균형한 걸음을 걸을 수밖에 없으며, 어머니와의 거리 유지도 실패하고 말 가능성이 있는 불안한 존재입니다. 오이디푸스가 표현하고 있는 것은 우리의 생존 그 자체입니다. 절뚝거리며 살아가는 것은 우리 자신입니다. 오이디푸스라는 것은 우리들의 이야기였던 셈입니다.

저승 세계에 갔던 사람에 대한 표시

그래서 신데렐라가 등장하게 됩니다. 오이디푸스가 한쪽 다리를 질질 끌고 있는 것은 바로 그가(인간이 태어났다가 다시 돌아가는) 저승 세계에 발을 반쯤 들여놓은 상태이기 때문이라고 할 수 있습니다. 이것을 바꾸어 표현하면 그는 삶과 죽음의 두 영역을 중개하는 존재가 되는 셈입니다. 하지만 이미 우리가 기나긴 분석을 통해 검토해온 바와 같이, 신데렐라 역시 삶과 죽음의 영역을 중개하는 존재로서, 아궁이 옆에 있어 재를 뒤집어쓰고, 개암나무를 통해 망자의 영혼과 이야기를 나누며, 물고기 뼈의 중개에 의해 마법의 원조를 얻어 수중 세계의 왕궁으로 가서 왕자의 구혼을 받으며, 유리구두가 벗겨져서 한쪽 다리를 질질 끌며 집으로 서둘러 돌아온 여성이었습니다. 그녀 안에 여성의 모습을 한 오이디푸스가 숨어 있는 건 틀림없습니다. 그런데 여기에서 무엇을 알 수 있는 걸까요?

진즈부르그는 다음과 같이 적고 있습니다.

> 언니들의 정체를 밝히고 왕자와 결혼한다. 이렇게 보면 알 수 있듯이 이런 줄거리에서의 마법 우화의 기능 중 하나—영웅이나 여성 영웅의 신체에 찍혀 있는 각인刻印—는 잃어버린 신발이라는 결정적인 세부 사항에서 쉽게 발견된다. 신데렐라의 신발 한 짝은 저승 세계(왕자의 왕궁)에 갔던 사람에 대한 표시인 것이다.(『어둠의 역사』)

이것은 섭한의 이야기나 포르투갈판 신데렐라에 이미 암시되어 있던 것입니다. 신데렐라는 망자의 영역을 자유로이 왕래할 수 있는 능력을 가진 여성이었습니다. 그런 그녀가 마법의 도움을 받아서 가는 곳이 망자의 나라인 왕궁인 것은 어쩌면 당연한 것이 아닐까요? 이런 것은 샤를 페로판이나 그림판의 이야기에서는 표면적으로 대두되어 있지는 않습니다. 왕자는 어디까지나 사회적으로 신분이 높은 현세의 왕자이기를 바라기 때문입니다. 그러나 이야기의 구조 분석도 형태 분석도 그것은 표면상의 것으로 사실은 신데렐라가 춤을 춘 곳은 저승 세계였다는 결론을 지지하고 있는 듯합니다. 중요한 것은 신데렐라가 벗어놓고 간 신발 한 짝입니다. 그것은 그녀에게 새겨진 망자의 왕국의 각인이며, 그것을 찾기 위해 왕궁에서 저승사자를 보낸 겁니다.

망자와의 소통

점점 이야기의 전개가 매우 흥미로워졌습니다.

> 하지만 켈트 문명권 내에서 절뚝거리는 동물이 등장하는 다른 이야기들은 앞에서 봤듯이 보다 넓은 신화적, 의례적 문맥 안에 수용된다. 그런 문맥 안에서는 13세기 초에 디르베리의 게르바시우스가 기록한 전승도 일반적인 것이 된다. 즉 앞다리를 잘린 이리로 변신한 사람이 곧바로 인간의 모습을 되찾았다는 것이다. 다른 세계에 갔거나, 갔다가 돌아온 자—동물, 인간, 혹은 양자가 섞인 것—에게는 보행의 불균형이라는 표시가 남아 있다. (같은 책)

저승 세계에 갈 수 있는 존재는 보행이 불균형해야 한다는 겁니다. 이리로 변신한 사람은 절뚝거림으로 해서 황홀경에 빠진 상태에서 망자의 영역에 갈 수 있는데, 앞다리를 잘려서 '좌우의 균형을 되찾은' 순간 보통 사람의 모습으로 돌아갔다고 합니다. 우리는 그야말로 '오이디푸스=신데렐라' 문제의 핵심에 해당하는 부분에 있습니다. 그들은 망자의 영역과 소통(커뮤니케이션)할 능력을 가짐으로 해서

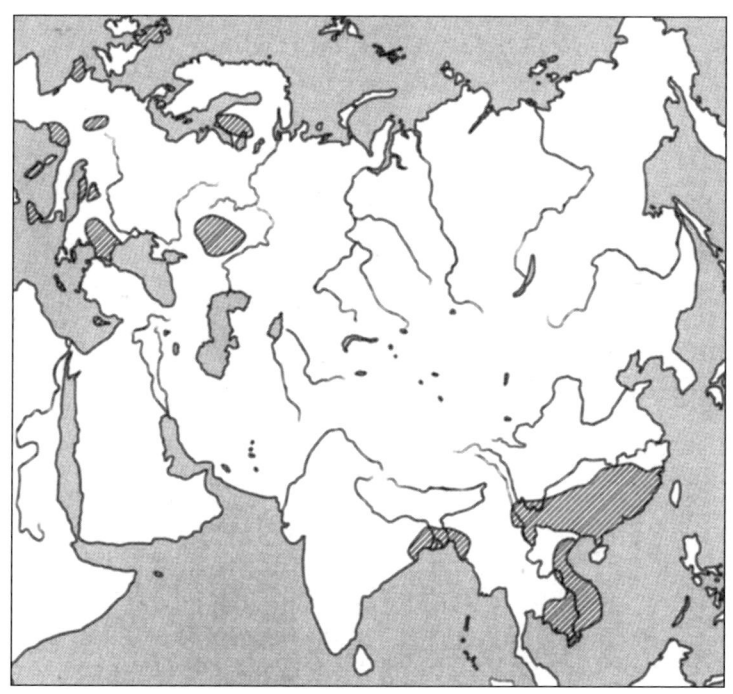

신데렐라나 마술적 원조자가 뼈를 수집한 후에 소생하는 내용의 이야기가 있는 장소
(C. 진즈부르그, 《어둠의 역사》 참조)

절뚝거려야만 했던 겁니다.

우리가 재구성한 계열은 살아 돌아온 동물의 절뚝거림과 그 후에 신데렐라가 신발 한 짝을 잃어버린 것이 동등한 상징적 의미를 갖는다는 걸 가르쳐준다. 도와주는 것—동물, 대모, 요정, 혹은 직접적으로 어머니—과 도움을 받는 것 사이에는 숨겨진 상호관계가 존재한다.(같은 책)

여기에 신화의 중개기능의 가장 깊은 진실이 있습니다. 신데렐

라가 행하는 중개기능은 무척 다양해서 사회적 신분의 높낮이를 중개하는 능력은 그 중에서 극히 사소한 것에 불과한 것이었습니다. 그녀는 모든 레벨의 중개능력을 갖고 있습니다. 왜냐하면 그녀가 원래 망자의 영역과 소통할 수 있기 때문인데, 그렇기 때문에 그녀는 '절뚝거리는 존재' 여야만 합니다. 그러면 왜 무도회 때문에 갔던 왕궁의 계단에서 그녀의 신발이 벗겨져 떨어지는지 그 이유를 이해하게 됩니다. 그 에피소드에는 신데렐라가 샤먼이었던 시대의 머나먼 기억이 살짝 배어 있습니다.

샤먼의 기술

샤먼은 망자의 영역에 들어갈 수 있는 능력을 가진 종교인으로 알려져 있습니다. 주로 북방 유라시아에서 발달했지만 유사한 형태는 도처에서 발견됩니다. 샤먼은 황홀경에 빠짐으로써 의식의 심층으로 들어가는 특별한 기술을 갖고 있는 사람들이며, 그러기 위해서는 특수한 체질의 소유자일 필요가 있습니다. 그들은 망자와의 커뮤니케이션이 가능한 존재로 믿어졌습니다. 사람이 병에 걸린 원인이나 불행이나 재해의 원인을 알아내기 위해서 저승 세계로 내려갑니다.

　북방의 샤머니즘에는 흥미로운 것들이 다양하게 전해 내려오고 있습니다. 황홀경에 빠지게 되면 의식의 주위에 나타나는 광경이 점차로 변화하게 됩니다. 빛과 소리가 어지럽게 떠다니고, 의식은 점점 더 깊이 침몰해 가는 듯이 느껴지는 겁니다. 그리고 급격히 낙하하는 듯한 느낌이 가라앉으면, 그 다음 순간엔 여러 가지 무서운 이미지가 나타나게 됩니다. 대부분은 곰이나 호랑이와 같은 동물의 모습을 하고 있다고 하는데, 샤먼은 이런 동물들에 의해 그때 몸이 토막토막으로 해체되고 뼈가 부서져버립니다. 그리고 몸이 토막토막으로 분해되고 난 다음에 자신의 생명을 지켜주는 수호 동물이 나타나서 흩어져 있는 뼈를 모아 물에 담그거나 모자라는 부분을 채우거나, 혹은 금속으로 메워 주거나 해서 원래의 몸을 재현시켜 준다고 합니다. 이렇게 해서 샤먼은 새로운 존재로 소생하게 됩니다.

    샤먼으로서의 이런 특징은 앞에서 거론한 중국의 신데렐라 섭한의 경우에 가장 뚜렷이 나타나 있습니다. 그녀는 물고기 뼈를 극진히 모시는데, 부서져서 가루가 되어 버린 뼈를 가지고 원래의 몸을 재생시키는 것은 샤먼들의 특기이기도 했으며, 무엇보다도 동洞의 연회에 나갈 때의 그녀의 차림에 주목해야 합니다. 섭한은 '황금 신발을 신고 물총새의 깃털로 만든 옷을 걸치고 있었다' 고 합니다.

    대부분의 지역에서 샤먼은 대지에 몸이 직접 닿지 않도록 높은 신발이나 샌들을 신기도 하고, 발이 땅에 닿지 않도록 목말을 태워 이동시킵니다. 또한 천상 세계를 향해 높이 비상할 수 있는 능력을 과시하기 위해서 샤먼들은 등에 새의 깃털로 만든 장식을 붙이기도 하고 깃털로 만든 옷을 걸치기도 했습니다. 샤먼은 저승 세계를 방문하기 위해서 대지의 밑바닥으로 하강해갈 수 있어야 할 뿐만 아니라, 이번에는 저승 세계로부터 하늘 높이 비상해서 하늘과 땅과 지하의 삼계三界를 중개할 수 있어야만 합니다. 이런 특징이 섭한에게는 확실하게 갖추어져 있습니다.

    지면에 몸이 닿지 않도록 높은 신발을 신거나 새의 깃털로 만든 의

상을 걸치거나 하는 한편으로 한쪽 다리를 끌면서 절뚝거리는 그런 모순된 성격이 부여된 것에는, 하강하고 상승하는 샤먼의 정신에 의해 일어나는 바로 이런 다이내믹한 운동이 잘 나타나 있다고 할 수 있습니다.

유라시아 대륙의 어둠의 역사로

샤머니즘이 배경으로 하고 있는 것은 산 자와 죽은 자를 중개하는 기술을 갖고 삶과 죽음의 모순을 극복하려는 신화적 사고 바로 그것입니다. 이런 동일한 사고가 오이디푸스 신화와 신데렐라 이야기에 모두 작용하고 있는 듯합니다. 신데렐라 이야기에는 근친상간과 같은 주제는 표면화되어 있지 않습니다. 그러나 이것을 러시아에서 터키와 그리스에 걸쳐서 널리 전승되던 신데렐라 이야기의 변형된 형태라 할 수 있는 「털가죽아가씨」 이야기와 대조해 보면, 오이디푸스와 신데렐라의 밀접한 관계가 더욱 분명해집니다.

「털가죽아가씨」는 다음과 같은 이야기입니다.

> 옛날에 파디샤(임금님) 한 명이 있었는데 왕비는 있었지만 아이가 없었다. 어느 날 부부는 산책을 나가서 탁발승을 만나게 되어, 아이가 없는 것에 대해 하소연을 했다. 그러자 스님은 말했다. "전하에게는 앞으로 따님이 생길 텐데 그 따님의 이름을 '털가죽 아가씨'라고 지어야 합니다."
> 파디샤는 납득할 수가 없어서 "어떻게 생긴 딸인데, 그런 이름을

지어주다니….” 하고 말했다. 그 말에 대해 탁발승은 아무 말도 하지 않았지만, 사과를 하나 내밀며 이것을 왕비와 함께 먹으라고 했다. 파디샤는 그걸 받아서 밤이 되자 왕비와 나눠 먹었다.

얼마 후에 왕비는 여자아이를 한 명 낳았는데 딸을 제대로 볼 새도 없이 병에 걸려 눈을 감고 말았다. 그녀는 임종의 순간 "당신이 재혼을 하시려면, 그 상대는 내가 차고 있는 이 팔찌가 딱 맞는 아가씨여야만 합니다"라고 유언을 남겼다.

딸은 점점 자라 마침내 열일곱 살이 되었다. 그래서 파디샤는 그 팔찌가 맞는 여자를 찾아서 결혼해야겠다고 생각했다. 큰북을 두드려 그 사실을 널리 알렸지만, 나라 안 어디에도 그 팔찌가 맞는 여자는 없었다. 그런데 어느 날 시험 삼아 자신의 딸의 팔에 채워 보니 딱 맞는 게 아닌가? 그래서 그는 자신의 딸과 결혼하기로 결정했다.

어린 공주는 그 결정을 도저히 용납할 수가 없어서 여러모로 아버지에게 항의를 했지만 소용이 없었다. 그녀는 깊이 생각에 잠겨 있다가 도망칠 방법을 한 가지 찾아냈다.

아버지의 하인 중에 그녀를 아버지처럼 사랑해주는 양치기가 있었다. 공주는 그 사람을 찾아가서 자신의 사정을 이야기하고, 도축한 양의 가죽을 한 장 달라고 부탁했다. 그리고 그걸 손에 넣자 몸에 걸치고 털가죽을 땅에 질질 끌며 성을 탈출했다.

숲을 관통하는 길이었기 때문에 그녀는 이리를 비롯한 많은 야수들을 만나 엄청난 고생을 해야 했지만, 그래도 마침내 어느 도시에 도착했다. 그때 마침 그 도시의 파디샤의 양치기가 성을 향해 가는 중이었기에 공주는 그 양떼에 섞여서 성문 근처까지 갔다.

그러나 하인이 그녀도 함께 우리 안에 넣으려고 하자, 공주는 "나는 안 들어갈 거예요." 하고 말했다. 하인은 놀라서 파디샤한테 가서 사람처럼 말을 하는 양이 있다고 고했다. 파디샤는 그 양을 데려오라고 명령했다.

끌려온 것은 아름다운 아가씨로 이름을 묻자 '털가죽 아가씨' 라고 대답했다. 파디샤는 그녀에게 성의 방 하나를 주었다.

이 파디샤에게는 아들이 하나 있었다. 파디샤는 모든 마을의 젊은 아가씨들을 초대해서 연회를 열었는데, 그 연회에서 왕자는 마음에 드는 아가씨가 있으면 그 아가씨에게 금으로 만든 공을 던져 신부로 맞이할 작정이었다. 이 연회에 '털가죽 아가씨' 도 참석하라고 했지만 그녀는 나가지 않았다.

하지만 성에 아무도 남지 않게 되자 공주는 털가죽을 벗더니 금빛 옷을 입고, 연회가 열리고 있는 정원으로 나가서 구석에 숨어 있었다. 하지만 그녀는 매우 아름다웠기 때문에 왕자는 그 모습을 보더니 곧바로 금으로 만든 공을 그녀에게 던졌다.

공주는 자신의 모습이 발각되었다는 걸 알고 곧바로 성으로 돌아가서 또다시 털가죽을 뒤집어썼다. 연회에서 돌아온 하녀들은 매우 아름다운 아가씨가 나타나서 왕자가 공을 던졌는데 도망쳤다는 이야기를 그녀에게 했다. 공주는 잠자코 그 이야기를 듣고 있다가 "나도 이런 털가죽을 입고 있지 않았다면 연회에 참석했을 텐데" 라고 말했다.

파디샤는 연회를 열흘 동안 계속 열기로 했다. 둘째 날에도 성에 아무도 남지 않게 되자 공주는 털가죽을 벗더니 이번에는 녹색 의상을 걸치고 연회에 나갔다. 왕자는 그녀를 보자 곧바로 금공을 던졌다. 온갖 어려움을 이겨내고 그녀는 또다시 성으로 도망쳤다. 돌아온 하녀들은 어제 왔던 아가씨가 또 왔지만 도망쳤기 때문에 만일 셋째 날에도 붙잡지 못하면 왕자가 여행을 떠날 거라고 했다는 말을 전했다.

셋째 날, 연회가 열리는 회장은 경관들로 둘러싸여 있었다. 성에 아무도 남지 않게 되자 공주는 털가죽을 벗더니 이번에는 순백의 의상으로 그 자리에 나타났다. 왕자는 또다시 금공을 던졌는데 그녀는 그것을 받더니, 어찌어찌 해서 경관들의 손에서 빠져나가 모습을 감췄다.

왕자는 결국 여행을 떠나기로 했다. 그래서 모두가 왕자에게 선물을 하게 되었다. '털가죽 아가씨'는 커다란 파이를 만들어 파이 안에 금공을 넣어서 왕자에게 내밀었다. 왕자는 매우 이상한 선물을 웃으며 받아서 안장의 주머니에 쑤셔 넣더니 무리를 지어 출발했다.

이렇게 해서 이 나라 저 나라를 헤매고 다녔지만, 그 어디에도 그 아가씨는 없었기 때문에 끝없이 여행을 계속할 수밖에 없었다. 그런데 얼마 후에 일행은 강도들의 습격을 받아 왕자는 돈도 하인도 잃고 말았다. 그때 언뜻 안장의 주머니에 넣어 두었던 그 파이가 눈에 띄었다. 배가 고팠기 때문에 그는 그걸 먹기 시작했다. 그러다 두 입째 베어 물었을 때 금공이 입에 닿는 게 아닌가? 그때서야 그 아름다운 아가씨가 자신의 성에 있다는 걸 깨달았다. 그래서 바로 길을 되돌려서 도중에 많은 고생은 했지만 마침내 성에 돌아올 수가 있었다.

공주가 입고 있던 털가죽을 간신히 찢어버리자 그 누구보다도 아름답고 품위 있는 여성이 나타났다. 두 사람의 혼례 축하연은 40일 동안 밤낮으로 계속되었다. (야마무로 시즈카山室靜, 『세계의 신데렐라 이야기世界のシンデレラ物語』, 신쵸선서新潮選書)

신데렐라는 계모의 학대로 고생을 했습니다. 그러나 「털가죽 아가씨」에서는 아버지가 근친상간을 강요하는 것을 싫어한 딸이 온 몸에 당나귀나 돼지와 같은 동물의 가죽을 뒤집어쓰고 왕궁으로 몸을 숨깁니다. 신데렐라의 온몸에 재가 묻어 있던 것을 기억할 겁니다. 여기서는 '재'와 '동물의 가죽'은 상징적으로는 같은 의미를 갖고 있는 것으로 보입니다. 둘 다 그걸 뒤집어쓰고 있는 사람의 모습을 보이지 않게 하고, 망자의 영역에 다가가게 하는 기능을 갖고 있습니다.

「털가죽 아가씨」의 전승을 근거로 해서 살펴보면, 오이디푸스 신화의 중요한 요소였던 어머니와의 근친상간이라는 주제가 일련의 신데렐라 전승들에서도 '변형'을 이루며 중요한 요소가 되었던 것 같다는 추측이 가능해집니다. 이렇게 보면 오이디푸스 신화를 구성하는 거의 모든 요소들이 '형태를 바꾸어서' 신데렐라 이야기에 나타나 있다는 걸 알 수 있습니다. 친족관계에서 거리의 원근 문제부터 절름발이라는 주제에 이르기까지 두 이야기에는 명백한 관련성이 인정됩니다. 신데렐라가 신는 유리구두는 이런 은밀한 비밀과 연결되어 있었던 셈입니다.

신데렐라 이야기는 마침내 우리를 유라시아 대륙의 음침한 어둠의 역사로 끌고 가고 말았습니다. 그러나 한편으로는 신데렐라 이야기의 구조가 현대의 소비적인 문명에도 적용되는 유연성을 갖추고 있다는 점도 우리는 이미 잘 알고 있습니다. 정신이 아찔할 정도로 심오한 고대성古代性과 파도를 탄 듯이 붕 떠있는 자본주의의 한 측면이 신데렐라 이야기에서는 아무런 어려움 없이 하나로 결합되어 버린 것 같습니다. 이것은 도대체 어찌 된 일일까요? 우리는 아직도 인간에 대해 잘 모르고 있는 건지도 모르겠습니다.

종장

신화와 현실

Nakazawa Shinichi
Kodansha : Cahier Sauvage Series No.1

일본 문화와 신화적 사고

마지막 강의에서는 신화와 현실에 대해 이야기하고자 합니다. 여러분은 이미 눈치챘을 거라고 생각하는데, 일본 문화와 신화적 사고는 도저히 분리가 불가능할 정도로 밀접한 관계를 유지하며 전개되어 왔습니다. 천황제天皇制와 같은 정치제도만이 아니라 예술 문화의 광범위한 영역에서 신화적 사고의 활발한 활동을 찾아볼 수 있으며, 이런 경향은 오늘날까지도 계속되고 있습니다. 특히 최근에는 애니메이션이나 게임 산업에서 예전에 볼 수 없을 정도의 규모로 신화적 사고가 활약하고 있으며, 높은 국제적 평가를 받고 있기도 합니다. 서구의 여러 나라에서는 근대의 성립 과정에서 말살되거나 억압당해왔던 신화적 사고가, 특수한 발전을 이룬 일본의 근대 문화 속에서는 강인한 생명력을 유지하고 있으며 지금은 그것이 가상假想 문화 속에서 대활약을 하고 있는 셈입니다. 신화를 '인류 최고의 철학'으로서 탐구해온 우리로서는 이런 사태를 간과할 수 없습니다.

 제가 이제까지 이야기해온 신화적 사고법이라는 것과 현대의 가상 기술 속에서 활발한 활동을 하고 있는 '신화' 사이에는 어떤 차이가 있는 걸까요? 혹은 전혀 성격을 바꾸지 않은 고대적인 능력이 현대의 테크놀로지 속에서 물을 만난 물고기처럼 활약하고 있는 것에 불과한 걸까요? 이것은 현대의 일본 문화를 생각할 때 매우 중요한 관점입니다. 오늘날의 일본에서는 어린이들의 문화를 중심으로 가상 영역의 개척이 광범위하게 추진되고 있습니다. 최첨단의 컴퓨터 그래픽이나 애니메이션 등에서도 시각 기관과 대뇌의 시각 영역의 활동에만 세계를 한정해서, 그 속에서 상상력과 욕망의 움직임을 조작하거나 변형시키는 것으로 쾌락원칙을 만족시키기 위해 엄청난 고도의 기술이 동원되고 있습니다. 이런 영역의 기술 개발에서 일본인은 타의 추종을 불허하는 경지에 이르렀습니다.

그러나 동시에 그런 점이 사회 전체의 병리를 악화시키는 역할을 하고 있는 것도 부정할 수 없는 사실입니다. 애니메이션이나 게임 산업을 보면, 지성 활동이 대뇌의 시각 영역을 중심으로 한 극히 좁은 영역에 한정되며 게다가 그런 활동은 가상적입니다. 그럼으로써 결국 현실 세계의 확실한 반응이 모호한 중간 영역에서 이루어져, 그 영역을 움직이고 있는 것이라고는 오직 프로그램을 조종하고 조작하는 기술적 지성과 이런 신화적 사고뿐이라는 점이 중요한 특징이 되었습니다. 어린이의 사고는 신화의 사고법과 깊은 관계가 있습니다. 따라서 오늘날의 일본 문화라는 풍경은 고도의 기술과 어린이 수준에 머물러 있는 정신의 결합에 의해 만들어지고 있다는 비판을 받게 되는 겁니다.

현대 일본의 가상 문화는 아무래도 신화적 사고의 양식만을 예전 그대로 보존하고 있는 듯합니다. '양식만' 이라는 표현을 사용한 것은 현대 일본의 가상 문화에서는 인류 최고의 철학으로서 생겨나 성장해온 신화가 갖는 풍부한 '내용' 은 제거된 채, 그저 그 형태적인 양식만이 기묘한 쾌락원칙의 괴물이 되어 주위에 설치고 있는 듯한 느낌이 들기 때문입니다.

일본 문화는 현재 사용하고 있는 '말' 도 포함해서, 매우 융통성 있는 구조를 갖고 있습니다. 새로운 이질적인 요소가 나타나더라도 그것으로 인해 심각한 투쟁이나 알력이 일어나지 않고, 그것을 자신의 내부에 수용해버릴 수 있는 능력을 일본 문화는 오랜 역사를 통해 획득해왔습니다. 그렇기 때문에 우리의 사고나 행동에는 아주 오래된 것이 거의 손도 대지 않은 채로 남아 있는 경우가 많습니다. 일본인만큼 근대 사회를 훌륭하게 수용하면서도 거기에 신화적 사고까지도 멋지게 접목시켜서 남긴 민족은 그다지 많지 않을 거라고 생각합니다. 일본인들은 신화적 사고가 과연 무엇인지 만져서 알 수 있을 정도로 생생한 감각을 아직 보존하고 있습니다. 그 정도로 우리의 근대화는 철저하지 못했던 셈인데, 이렇게 철저하지 못했기 때문에 오히려 신화적 사고가 근대의 사고에 의해 소멸되지 않은 독특한 현대 문명의 한 형태를 이루어왔던 겁니다.

그러나 그런 신화적 사고는 이제는 그저 '양식만' 남게 되어 테크놀로지 문명과 결합됨으로써 거꾸로 치명적인 독을 흘려보내기 시작하고 있습니다. 게다가 일본 문화 전체가 동일한 증상을 보이기 시작하고 있습니다. 융통성 있는 구조를 가졌던 일본 문화가 그 활달한 성격으로 인해서, 그리고 철저하지 못하다는 그 독특한 성격에 의해서, 지금 오히려 위기에 처해 있습니다. 그렇기 때문에 신화적 사고가 얼마나 풍부한 사고인가를 깨닫게 된 우리는 이제 신화와 현실이라는 문제에 접근해야만 합니다.

구체성의 세계

이제까지 이야기해온 신화의 사고방법은 구체성의 세계와 깊은 관련을 맺고 있었습니다. 사고의 바탕에 깔려 있는 것은 인간이 살고 있는 구체적인 세계에 대한 것이었습니다. 동물과 식물과 광물의 세계에 대한 구체적인 지식, 공기와 물의 흐름에 대한 예감한 감각, 이런 것을 소재로 해서 신화의 세계는 꾸며져 있었습니다.

이런 구체성의 세계는 우리의 현대 세계처럼 눈과 귀에 의해 감지할 수 있는 정보만으로 구성되어 있진 않습니다. 오감(육감도 포함해서)을 통해 우리에게 흘러들어 오는 복합적인 감각 전체가 구체성의 세계를 만들고 있었습니다. 이 점에 대해서는 인류학이라는 학문에서 매우 인상 깊게 표현해왔습니다. 그러나 역사의 시작과 더불어 인간은 합리화를 시작했습니다. 우선 야생의 동식물 대신에 가축이나 재배 식물을 기르기 시작한 겁니다. 합리화는 지나치게 풍요로운 현실로부터 정보량을 배제하여, 인간의 사고와 행동으로 조절할 수 있는 영역을 울타리로 에워싸는 것을 의미합니다. 즉 현실 세계의 지나친 풍요로움을 제거하고 계획이나 예측이 가능한 영역을 확대하여, 결국은 그것만을 '세계'로 간주하기에 이르는 전체적인 프로세스를 의미하는 것입니다.

1만 년 전 무렵부터 도시가 발생했는데, 도시화가 합리화를 더욱 가속화시켰습니다. 예측과 조절이 가능한 영역을 공간 안에 확실하게 만들어 놓고, 그 공간의 내부에서 행해지는 것에 대해서만 높은 가치를 인정하려는 운동에 현실성을 부여하고자 했던 겁니다. 오늘날에는 그것이 사람의 신경조직이나 대뇌 내부의 과정과 무의식의 과정 또는 육체의 사용법으로까지 '내부화內部化' 되어, 합리화를 꾀하고 개발해야 할 새로운 분야로 변모해가고 있기 때문에, 우리는 이제까지의 '인간' 개념까지 크게 동요하기 시작하고 있다는 걸 느끼고 있습니다. IT화가 그것을 촉진시키고 있습니다. 그에 대응해서 자본주의의 본질이 변하기 시작하고 있습니다. 이렇게 해서 형성되고 있는 세계 속에서 우리는 '자유'라는 것의 의미를 다시 생각하지 않을 수 없게 되었습니다. 신화 연구가 오늘날 의미를 갖는다면 그것은 그런 문제를 근원에서부터 생각하기 위한 중요한 힌트를 내포하고 있기 때문입니다.

신화의 구속력

우리의 오감은 도시적인 세계 속에서 살고 있습니다. 그곳은 합리화가 진행된 세계이기 때문에, 오감으로 받아들이는 감각도 이미 높은 레벨로 합리화되어 있습니다. 게다가 그곳은 엄청난 이미지와 정보의 축적에 의해 이루어진 세계이기 때문에(마르크스는 우리 세계는 상품의 거대한 축적에 의해 이루어져 있다고 썼지만, 대부분의 상품은 지금은 물체로서의 특성을 상실하고 이미지나 정보로 변했습니다), 오감은 높은 레벨로 합리화된 이미지를 받아들여서 소비하고 있는 셈이 됩니다. 컴퓨터 성능의 향상으로 이런 이미지를 상당히 자유자재로 조작할 수 있게 되어, 컴퓨터 그래픽 기술은 비약적으로 진화되었습니다. 그러나 그렇게 해서 만들어진 이미지상의 새나 숲이나 물은 이미 합리화된 자연으로 재현될 수밖에 없습니다.

이런 우리의 문화는 커다란 모순을 내포한 채 진행되고 있습니다. 일본인은 현재 컴퓨터 그래픽 기술에 의한 자연 재현이라는 것에 대해 탁월한 능력을 발휘하고 있지만, 그것은 요즘의 애니메이션 문화를 이끌고 있는 사람들의 체내에 합리화되기 이전의 복잡하고 중층적인 자연에 대한 기억이 살아남아 있는 덕택에 가능한 것으로, 합리화된 자연 이미지로만 둘러싸여서 성장한 세대가 이것을 떠맡게 되었을 때는 더 이상 그 수준을 유지하기 힘들게 될 겁니다. 그렇기 때문에 애니메이션 문화 자체가 하나의 모순인 셈입니다. 신화를 생각하는 것은 일본 문화가 직면하고 있는 이런 심각한 문제와 깊이 연관되어 있습니다.

신화론을 가상의 논리 영역에 대한 문제로만 국한시켜서 이야기할 수도 있습니다. 그러나 그것은 결국 신화를 '양식만' 으로 파악하는 셈이 될 겁니다. 신화나 민화로부터 논리나 구조만을 끄집어내서는 원초적인 철학으로서의 '내용' 이 완전히 사라져버립니다. 그렇게 되면 '칸트도 헤겔도 같은 논리를 사용하고 있었습니다' 라고 연구의 결말 부분에 보고하는 거나 마찬가지입니다. 신화의 '내용' 은 구체성의 세계와의 관계 속에서 발견할 수 있습니다.

사실 신화는 현실 세계에서 일어나고 있는 것보다도 훨씬 자유로운 사고를 하고 있는 듯이 보이지만, 실제로는 다른 종류의 구속을 받고 있습니다. 이 구속은 신화적 사고와 구체성의 세계와의 접촉에 의해서 발생하는 것이기 때문에, 가상의 영역에서 신화를 마치 장난감처럼 자유자재로 다루고 있으면 그런 구속은 보이지 않게 됩니다. 신화가 철학이라는 것은 그 누구도 부정할 수 없습니다. 왜냐하면 신화는 우주 속에서 구속을 받으며 살아가고 있는 인간의 조건에 대해 깊이 생각하기 때문입니다. 이런 구속에 대한 이해가 없는 곳에서 펼쳐지는 신화 놀이는 절대로 철학에 이르지 못하고 그저 '양식' 만으로 끝나게 됩니다. 그렇게 되면 아무리 뛰어난 애니메이션 작품이라 해도 쾌락원칙을 위해 제공되는 소비물에 불과하게 됩니다.

환각이라는 문제

이 문제에 대해서는 '환각'에 대해 생각해 보는 것이 가장 좋을 겁니다. 인간은 환각을 일으키는 식물이나 약물을 제의를 행하거나 할 때 옛날부터 사용해왔습니다. 이런 식물이나 약물은 사람에게 '현실이 아닌' 가상의 체험을 제공하게 되는데, 신화가 이것을 어떻게 취급하는가에 대해서는 이제까지 별로 논의된 적이 없습니다. 종교에서는 종교 자체를 위해 다양한 환각을 적극적으로 이용해왔습니다. 환각 속에 나타난 체험을 '신'의 현출現出이라고 말하는 식입니다. 그러나 신화는 원래 철학의 일종이므로 사고를 초월하는 것에 대해서 종교에서처럼 어떤 의미에서는 무책임하다고 할 수 있는 태도를 취할 수는 없을 겁니다. 신화가 구체성과의 관계를 상실하고 종교에 흡수되어 갈 때는 신화의 변질이 발생합니다.

　그래서 이제부터 신화와 현실이라는 매우 흥미로운 주제를 검토해 가고자 합니다. 신화적 사고가 현실 세계와의 관계를 상실할 때 그것은 가상의 종교적 사고 속으로 흡수되어 갑니다. 그때 항상 구체성의 세계와의 접촉 속에서 생존해온 신화가 어떻게 변질되어 가는지를 고대 인도의 종교 속에서 살펴보기로 합시다.

　217쪽의 사진은 광대버섯입니다. 광대버섯은 매우 강한 독성을 가지고 있어 함부로 먹었다가는 심한 설사 정도로 그치지 않고 신경을 손상당하게 됩니다. 강한 환각작용을 일으키는 식물입니다. 이 버섯은 인류 문화 속에서 매우 커다란 역할을 해왔습니다. 인류 문화와 광대버섯은 떼려야 뗄 수 없는 깊은 관계에 있습니다.

브라만의 등장

이 버섯은 특히 인도의 고대 종교에서 중요한 역할을 했습니다. '소마'라고 불리는 액체 음료가 이 버섯에서 만들어졌던 것으로 추측되기 때문입니다. 소마는 인도의 가장 초기의 종교적인 텍스트인 『리그베다』에 등장합니다.

    인도에는 기원전 2천 년대에 '아리아인'이 서북 지방으로부터 현재의 아프가니스탄과 인더스 강 유역으로 침입해왔습니다. 아리아인은 마차를 사용해서 싸울 정도로 뛰어난 전략을 가진 민족이었지만 동시에 곡물을 재배, 하고 동물 사육 중에서도 특히 소의 사육을 중요시한 사람들이었습니다. 인도차이나 반도에는 원래 '드라비다'라고 불리는 사람들이 생활하고 있었는데, 전략에 뛰어난 아리아인은 그 풍요로운 세계에 침입해, 그곳에 인도라는 새로운 문명을 구축했습니다. 그들 중에 브라만이라는 종교를 가진 사람들의 계급이 등장합니다. 이 사람들의 종교는 『리그베다』의 전통을 지금도 충실히 지키고 있습니다.

    이 사람들의 언어는 고전 산스크리트어의 모체가 된 베다어로,

이것은 인도·유럽 어족에 속하므로 유럽의 여러 언어들과도 깊은 관계가 있는 것을 알 수 있습니다. 브라만은 복잡한 제의를 행하기 위한 지식을 세습을 통해 전승함으로써 특수한 카스트를 형성합니다. 그들은 그야말로 복잡하고 때로는 의미가 불분명할 정도로 기묘한 의식과 제사를 지냅니다. 또한 『리그베다』를 하나의 신화 시스템으로 볼 수도 있는데, 거기에는 많은 신들과 그 밖의 초자연적인 정령에 의한 판테온(신전)이 있으며, 이런 신들의 이야기를 담은 풍부한 신화가 발달했습니다. 특히 유명한 벼락의 신 인드라나 불의 신으로서 특별한 숭배를 받았던 아그니 등등 셀 수 없을 정도로 많은 신들이 그곳에 모여 있습니다.

신이기도 하고 식물이기도 하고 혹은 식물의 즙이기도 하다

그런 신들 가운데 가장 독특한 것이 '소마'라고 불리는 신이었습니다. 하지만 『리그베다』를 실제로 읽어도 소마가 도대체 어떤 것인지 확실히 알 수는 없습니다. 알 수 있는 것은 그것이 아무래도 식물인 것 같다는 사실뿐입니다. 그 식물을 짜서 즙을 내어 그 즙을 음료로 만들어 마시면 환각작용이 일어납니다.

이 식물이 어떤 것인지 오랫동안 전혀 알려진 바가 없었습니다. 물론 현재까지도 브라만은 소마를 제의 중에 사용하고 있으므로(이것은 현재 우리가 인도를 여행할 때 외국인이 있으면 다가와 지나칠 정도로 친절한 인도인이 권하는 바그쥬스라고 불리는 것과 유사한 것 같습니다. 우유와 요구르트를 섞어 거기에 마와 비슷한 식물을 넣은 음료입니다), 그것을 조사해 보면 소마의 정체 정도는 금방 알 수 있을 듯하지만, 브라만들이 소마라며 마시고 있는 것은 『리그베다』에 기술되어 있는 것과는 전혀 다릅니다. 브라만들도 옛날부터 그것이 진짜 소마가 아니라는 것을 익히 알고서 가짜를 대용품으로 사용했던 겁니다.

인도 종교의 형제에 해당하는 고대 이란의 종교에서는 '하오마'라고 불리는 식물의 음료가 소마와 매우 유사한 기능을 수행해왔습니다. 이것은 가벼운 환각작용을 일으키는 덩굴식물의 일종으로 오랫동안 소마도 이 하오마와 동일한 것으로 여겨졌습니다. 그러나 그렇게 되면 더욱더 『리그베다』의 기술과 맞지 않습니다.

소마는 『리그베다』에 의하면 식물의 즙으로, 짜는 방법이 매우 특수합니다. 식물 그 자체가 신이며, 또한 그 식물의 즙도 신이라고 하는, 세계적으로 유례가 드물 정도로 숭배를 받은 이 식물의 정체는 이렇게 해서 오랫동안 수수께끼 상태였습니다.

소마의 정체를 찾아

그러면 실제로 『리그베다』에 이 식물의 압착법과 이용법에 대해서 어떤 내용이 적혀 있는지 상세하게 검토해 보기로 합시다.

'소마 제의' 에서 브라만의 제관祭官들은 두드리면 소리가 나는 판자 위에서 이 식물을 돌로 두드려서 즙을 내어 마셨다고 합니다. 소마는 또한 '필터를 세 번 식물'로도 불립니다. 세 번 짠다고도 생각할 수 있지만, 나중에야 이것은 말 그대로 세 종류의 필터를 거친다는 의미라는 걸 알게 되었습니다. 이 즙을 마시면 브라만들은 영감이 풍부해지고, 의식이 고양된 상태에서 무아지경에서 나오는 찬가를 즉흥적으로 계속 부른다고 합니다.

이 소마라는 식물을 섭취하고 부른 노래는 술을 마셔서 몽롱한 의식 속에서 부른 노래와는 확연한 차이점을 갖고 있습니다. 예를 들면 다음과 같은 노래입니다.

> 불타는〔소마의〕필터가 하늘의 마당에 펼쳐졌다. 그 빛나는 그물코는 멀리 퍼졌다… 그들은 마음으로 하늘의 등성이에 오른다.(『리그베다 찬가』)

> 너의 맑은 광선은 하늘의 등성이에 필터를 펼친다. 소마여…(같은 책)

알코올 음료의 경우와는 달리 소마에 의한 도취는 비상하는 힘을 갖추고 있으며, '빛'이나 '그물코'처럼 복용한 사람의 내부 체험 중에 발광發光이나 방사 현상이 일어난다는 걸 알 수 있습니다. 또한 그것을 다루기가 술처럼 간단하지 않다는 것도 잘 알 수 있습니다. 특히 '필터'가 커다란 역할을 하고 있는 듯하며, 이것은 치밀한 화학적 처방에 의한 것이라는 인상을 줍니다.

베다의 신들 중에서 특히 이 소마라는 신이 사랑을 받은 것은 그 신이 식물일 때는 감각에 의해 느낄 수 있으며, 또한 즙이 되어서는 빛의 현상으로서 감각에 의해 확실히 그 모습을 볼 수 있는 신이었기 때문입니다. 그래서 브라만 중에서도 시인의 기질을 가진 사람들에게 특히 사랑을 받아 많은 도취적인 시들이 지어졌습니다.

소마를 만드는 법은 『리그베다』에 상세하게 적혀 있습니다. 우선 건조시킨 그 식물을 물에 불린 후에 나무공이 모양의 돌로 으깨 부드럽게 만듭니다. 즙을 짜내기 위한 도구의 홈을 따라 황갈색 즙이 힘있게 흘러나오는 모습은 당시의 과장법에 의하면 천둥에 비유되기도 합니다. 이렇게 해서 짜낸 즙을 제관들이 마시는 건데, 그걸 봐도 지금 소마라며 브라만들이 마시고 있는 것은 절대로 진짜가 아니라는 걸 알 수 있습니다. 현재의 브라만들은 요구르트나 우유에 섞은 대마나 하오마와 비슷한 덩굴식물을 소마로 사용하고 있습니다. 이런 식물은 물에 불렸다가 으깨서 사용하지도 않으며, 또한 천둥처럼 우렁찬 소리를 내며 즙이 솟아나지도 않습니다. 게다가 가장 큰 문제는 소마는 '세 번 필터를 거친다' 고 적혀 있는 점입니다. 대마나 흰독말풀 계통의 식물의 경우에는 이런 과정을 필요로 하지 않습니다.

이런 식물학상의 세밀한 분류 작업을 마친 다음에 최근에 이르러서야 소마의 정체는 '광대버섯(학명: Amanita Muscaria, 영어명: fly-agaric)' 이 아닐까 하는 설이 러시아의 학자 R. G.왓슨R. Gordon Wasson에 의해 제출되어, 많은 지지를 얻게 되었습니다. 나도 이 왓슨 설의 지지자이므로, 이제부터 그의 연구(왓슨, 『성스러운 버섯─소마*Soma, Divine Mushroom of Immortality*』)에 의거해 소마의 정체에 접근해 보고자 합니다.

'소마=광대버섯'설

왓슨은 많은 상황 증거를 제시해갑니다. 우선 『리그베다』의 다음 노래에 주목합니다.

> 낮에는 하리(불꽃색)로 보이고 밤에는 은백색으로 보인다. (『리그베다 찬가』)

이 표현은 우산 부분이 가장 크게 자란 시기의 광대버섯 그 자체입니다. 왼쪽 위의 사진을 봐 주십시오. 광대버섯은 새빨간 색을 띠고 있기 때문에 낮에는 하리(불꽃색을 의미합니다)로 보이고, 밤에는 달빛 속에서 은색으로 빛나고 있습니다. 아래쪽 사진이 달빛 아래에서 찍은 사진입니다. 그리고 포자를 방출하는 시기가 가까워지면 이 버섯의 표면에는 하얀 격자 모양의 막

광대버섯
낮에는 하리(불꽃색)로 보이고(위), 밤에는 은백색으로 보인다(아래) (R.G. 왓슨, 《성스러운 버섯―소마》)

이 생깁니다. 이것은 예전부터 광대버섯의 생태로 잘 알려져 있던 것인데, 『리그베다』에서는 다음과 같이 묘사됩니다.

> 천 개의 압정을 가지고 있는 것으로서 엄청난 명성을 획득하다. (같은 책)

광대버섯의 생태와 『리그베다』에서의 이런 식물 묘사는 거의 완전히 일치합니다.
또한 광대버섯은 제의에서 사용될 때는 마른 상태로 사용되기 때문에 미리 물에 담가서 원래대로 불릴 필요가 있었습니다. 이런 상황을 묘사하고 있는 것은 『리그베다』의 다음과 같은 시입니다.

> 짜서 통 속에 담겨 있던 이 소마는 잔 속에 부어진다. 인드라와 바유(바람의 신)가 아끼는 [소마는] 바유여, 초대를 받아들여 이리 오너라. 초대에 응하면서 제물을 나누어 갖기 위해서. 줄기를 짜서 만든 [즙을] 마셔라, [충분히] 만족할 때까지.
> 바유여, 인드라와 너는 [줄기를] 짜서 만든 이 음료를 마실 자격이 있다. 더럽혀지지 않은 [너희들은], 그걸 받아라. [충분히] 만족할 때까지.
> 인드라와 바유를 위해 굳은 젖(요구르트를 의미함)과 섞이게 될 소마는 즙을 만든…(같은 책)

'세 번 필터를 거친다'는 표현의 의미

그러나 소마가 광대버섯이 틀림없다고 단정짓게 된 근거는 다음과 같은 사실이었습니다. 『리그베다』에 몇 번씩 강조되어 있듯이 이 즙은 세 번 짜서 만들어진다고 합니다. 이것이 '세 번 필터를 거친다'는 표현의 의미로, 그렇게 해야 섭취가 가능한 것으로 바뀌어 효과를 발휘한다는 겁니다.

첫 번째 필터는 '하늘의 필터'로 표현되어 있습니다. 이것은 소마를 하늘로부터 운반해온 태양 광선을 의미하는 것이 분명합니다. 즉 태양 광선이라는 첫 번째 필터를 거침으로 해서, 천상에 존재하는 신의 영역으로부터 신에 버금갈 정도의 의식 고양을 가능하게 해주는 액체가 이 버섯 속으로 들어간다는 겁니다.

두 번째 필터는 뭔가 하면 이것은 여과기 작용을 하는 양털을 가리킵니다. 이 점에 대해서는 『리그베다』에 명확하게 언급되어 있습니다. 짜서 나온 황갈색의 액체를 양털로 된 필터로 걸러내는 겁니다. 그렇게 하면 원래의 즙에 들어 있던 섬유질이 이 양털에 의해 제거되기 때문에 맑은 노란색 액체가 추출됩니다.

그런데 문제는 제3의 필터라고 불리는 것입니다. 이 제3의 필터에 대한 기술에는 도저히 이해할 수 없는 점들이 많습니다. 그런 기술들이 무엇을 의미하는지에 대해서는 시베리아 원주민의 풍습에 대한 지식이 풍부했던 왓슨의 지적이 있기 전에는 아무도 몰랐습니다. 그것은 『리그베다』의 다음과 같은 문장입니다.

〔소마의〕액체여, 인드라의 위 속에서 맑아져라. 잘 알고 있는 너는 배로 강을 〔건너듯이〕〔우리를〕 건너편으로 건네 주어라. 용맹한 자처럼 싸우는 너는 우리를 치욕으로부터 구원하라. (같은 책)

인드라의 위 속으로 들어가라는 표현이나 브라만의 위 속에 들어가 거기서 정화되라는 표현이 많이 나옵니다. 이것은 도대체 무엇을 의미하고 있는 걸까요? 이 부분은 『리그베다』를 번역할 때 가장 어려운 부분으로 여겨져 왔습니다. 그렇기 때문에 이와나미岩波 문고판을 포함해서 불어판이나 영어판에서도 대체로 이 부분은 모호한 문학적 표현으로 얼버무려 왔습니다. 그런데 왓슨은 대담하게도 여기서 필터의 역할을 하고 있는 것은 바로 브라만의 몸이라는 지적을 했습니다.

즉 제2의 필터인 양털로 걸러낸 소마의 액체에는 아직 다량의 불순물이 들어 있어 독성이 강하기 때문에 '이것을 직접 마시면 구토나 설사' 등을 일으킨다. 그래서 브라만의 몸을 필터로 해서 독성을 제거하려고 했다는 겁니다.

이것은 단적으로 말하면, 브라만이 아직 불순물이 섞여 있는 액체를 마셔서 몸으로 여과시켜 불순물을 제거하고, 순수한 액체를 오줌으로 배출해서 그걸 모두 함께 마셨다는 겁니다. 왓슨은 이 부분에 대해 이렇게 적고 있습니다.

소마가 곧 광대버섯이라는 추측을 충분히 근거가 있는 것이라고 일단 생각해 보기로 하자. 그렇다면 제3의 필터가 무엇인지는 분명해진다.

의식을 거행하는 중에 인드라와 바유(바유 역할을 맡은 제관들)가 마신 소마의 즙은 그들의 체내에서 여과되어, 취기가 돌게 하는 효능은 보유한 채 구토를 일으키는 특성은 제거해서 빛나는 황금빛 오줌으로 흘러나온다. 인드라와 바유(바유 역할을 맡은 제관들)가 우유나 응고된 젖(요구르트)을 섞은 소마의 액체를 마신다. 소마를 마신 그들은 아마도 매우 걱정스러운 상태였던 듯하다. 그렇지 않으면 그들의 체내를 통과할 때의 소마에 시인이 마음을 빼앗기는 것에 대해서 어떻게 설명할 수가 있겠는가? 시인은 제관들의 취기에는 역점을 두지 않는다. 그 대신에 우리를 소마와 함께 인드라의 심장 속으로, 배 속으로, 내장 속으로 인도해간다. (R. G. 왓슨, 『성스러운 버섯―소마』)

필터 역할을 하는 브라만이 액체를 마셨을 때의 고양 상태에 대한 묘사가 『리그베다』에는 나와 있지 않습니다. 시인은 그런 것에는 별로 관심이 없었던 것 같습니다. 그보다도 어떻게든 이 필터를 적당히 이용해서 순수하게 빛나는 황금빛 소마가 여과되어 나타나기를 바라는 데에만 관심을 갖고 있습니다.

이렇게 해서 소마 제의의 정체가 밝혀지게 되었습니다. 『리그베다』에 묘사되어 있는 소마의 제의에서는 광대버섯을 짜서 그 액체를 제관들이 마시고 자신의 몸을 필터로 해서 오줌으로 순수한 액체를 추출해 그걸 우유에 섞어서 모두 함께 마심으로 해서 의식이 고양되는 느낌을 경험했던 겁니다.

그러나 2천 년 이상에 걸쳐서 인도에서는 이런 현실은 전혀 모르는 채로 소마 찬가가 불려지고, 일부에서는 소마의 대용품을 사용한 제의가 행해졌던 셈입니다. 『리그베다』의 종교는 인도 내에서 어떤 의미에서는 가상적인 것으로 이해되었으며 실천되었다고 할 수 있습니다. 여기에는 인도의 종교가 잠재적으로 갖고 있는 가상적인 특성이 잘 나타나 있습니다.

역사적 추측

왓슨의 추론은 매우 설득력이 있습니다. 게다가 유라시아 대륙의 북방에서는 샤먼의 제의 등에서 자주 광대버섯이 사용되었으며, 또한 놀랍게도 '오줌'을 소재로 한 전승도 남아 있습니다. 이 '소마=광대버섯' 설을 인정하게 되면, 인도에서는 무려 2천 년 이상이나 되는 오랜 기간 동안 소마가 뭔지도 모르는 채 제의를 계속해온 셈이 되므로 기가 막힌 이야기라 할 수 있습니다.

어쩌다가 그런 일이 일어난 걸까요? 그 이유는 아리아인들의 이동의 역사와 관계가 있을 거라고 추측해볼 수 있습니다. 인도에 침입한 아리아인들은 중앙아시아의 카프카스 지방을 떠나 동쪽을 향해 이동을 시작했습니다. 아리아인들은 이 카프카스 지방을 출발할 때 이미 '베다 종교'라고 불리는 것을 완성한 상태였을 겁니다. 즉 『리그베다』의 토대가 된 종교는 인도 땅에서가 아니라 원래의 출발지에서 형성된 것이었습니다. 그곳에서는 아마도 수천 년에 걸쳐서 베다의 원형에 해당하는 종교가 존재했을 것이며, 또한 광대버섯을 소마라고 하며 제의 중에 많이 사용했을 것으로 추측됩니다. 그리고 실제로 이 카프카스 지방이나 중앙아시아 지역에서는 광대버섯이 많이 채취됩니다.

대용품의 등장

이 아리아인은 기원전 2천 년대에 대이동을 시작했습니다. 그들은 인도 평원이나 이란 고원으로 침입해 들어갔는데, 거기에는 이미 광대버섯이 생식하고 있지 않거나 혹은 채취가 가능하다 해도 극히 소량밖에 채취할 수 없다는 사실을 알게 되었을 때는 매우 놀라 당황했을 겁니다.

『리그베다』의 가장 초기 기술에 속하는 것으로 추측되는 장을 읽어보면, 소마의 재료가 되는 식물은 말린 것을 물에 불려서 짜는 것이 아니라 싱싱한 상태의 식물을 직접 짭니다. 인도 평원에서 새로이 그들의 문명을 건설하려 한 브라만들은 싱싱한 상태의 광대버섯을 직접 따는 것이 불가능해졌습니다. 그래서 아마도 아프가니스탄이나 중앙아시아의 먼 지역에서 혹은 더 북쪽에 있는 지방에서 광대버섯 말린 것을 손에 넣으려고 했을 겁니다. 그렇게 해서 손에 넣은 말린 광대버섯을 물에 불려서 짜는 과정을 거쳐서 소마의 액체를 얻었던 겁니다.

인도인들도 초기에는 아직 기억이 남아 있었던 것 같습니다. 소마란 광대버섯을 의미하며 그 버섯의 즙을 짜 액체를 추출해서 복용하면 의식의 승화가 가능해져 신들의 영역에 가까이 접근하는 효과를 얻을 수 있다는 걸 초기의 베다 시인들은 기억하고 있었던 듯합니다 그런데 생버섯을 손에 넣지 못하게 되고 말았습니다. 그렇게 되면 말린 것이라도 손에 넣으려고 하게 될 겁니다. 많은 상인들이 광대버섯 말린 것을 손에 넣기 위해서 북방으로 파견되었던 듯합니다.

그런데 북방으로 가는 길에 차츰 대제국이 생기자 상인들의 루트도 끊기는 경우가 많아지다가, 결국 북방으로부터 대량의 광대버섯을 손에 넣는 걸 포기해야 하는 시대가 도래합니다. 말린 것이든 생것이든 인도의 브라만들은 광대버섯을 손에 넣을 수가 없게 되었습니다.

그래도 그들은 자신들의 종교 의식을 계속해야만 합니다. 소마를 계속 섭취해야만 합니다. 그래서 그들은 이것 대신 여러 가지 대용품을 사용하기로 했습니다. 대용품은 대마, 혹은 하오마에 가까운 덩굴식물이었을 겁니다. 그것을 사용해서 소마 찬가를 부르고 제의를 계속해왔던 겁니다. 그러다가 언제부터인가 소마가 원래 무엇이었는지조차 모르게 되어버렸지만, 제의는 속행되었던 것 같습니다.

신화와 종교

이와 같이 종교는 어떤 의미에서는 현실로부터 괴리되어 현실의 대응물을 발견해내지 못한 상태라도 순수한 사고나 환상이나 상상력의 투입에 의해 스스로를 만들어갈 수가 있습니다. 그런데 의외로 신화는 그런 걸 따라할 수가 없습니다. 아니 오히려 그런 건 서투르다고 하는 편이 옳을지도 모릅니다. 우리는 여기서 소위 '자연민족'의 신화라는 것에 대해 생각하고 있는데(국가라는 형태가 성립되기 이전 사람들의 세계에서 원초적인 철학으로서 전승되던 신화를 의미합니다), 그런 사회에서 신화는 항상 현실의 구체적인 존재나 사실이나 현상을 떠나서는 존재할 수 없는 것이었습니다. 신화의 소재는 오감이 파악하는 현실이며, 창조의 재료는 현실의 사회 구조나 환경이나 자연의 생태입니다. 신화는 그런 구체적인 현실로부터 완전히 분리되지 않은 곳에서, 요컨대 '멀지도 가깝지도 않은' 관계에서 만들어지고 또한 구전되었습니다.

하지만 종교는 현실의 대응물을 발견할 수 없는 곳에서도 추상적인 사고력이나 환상의 능력으로 관념의 왕국을 창조할 수가 있습니다. 종교는 아마도 '국가'와 같은 구체적인 인간관계 속에서는 도저히 발견할 수 없는 것을 구체적인 사회의 상위 부분에 만들려고 했던 관념의 운동과 연동해서 생겨난 것일 겁니다. 신화가 이런 종교 안에 흡수되면, 신화 그 자체의 성격이 변화를 일으키게 됩니다. 신화가 가상적인 사고의 영역으로 옮겨지게 되는 것입니다. 그렇게 되면 신화는 현실과의 변증법적인 관계를 상실하게 됩니다.

그러면 소마의 실체였던 광대버섯은 '자연민족' 사이에서는 어떤 식으로 취급되었던 걸까요? 그리고 신화는 그것을 어떻게 묘사했던 걸까요? 이것은 매우 흥미로운 문제입니다.

시베리아의 풍습

유라시아 대륙의 광범위한 지역에 광대버섯을 사용한 제의 그리고 그에 관한 신화가 퍼져 있습니다. 그리고 시베리아 북동부 사람들의 문화에는 최근까지도 그야말로 생생한 모습으로 그것이 남아 있었습니다.

그들은 환각작용을 일으키는 광대버섯을 사용해서 도취 상태에 빠지는 의식을 선호했습니다. 게다가 그 사람들의 문화에서는 오줌이 매우 중요한 작용을 했습니다. 고대의 아무르 유역의 주민에 대해 중국인이 보고한 「위지동이전魏志東夷傳」에는 이 지방에 사는 사람들이 실내 한가운데에 변기통을 두고 거기에 모두가 배뇨를 해서 모인 오줌으로 몸이나 식기를 씻는 엄청나게 불결한 짓을 하고 있다는 불평이 적혀 있습니다. 이 지역 사람들에게 지금은 그런 풍습이 남아 있지는 않지만, 에스키모들은 자신들의 오줌을 소중히 여겨 마시기도 하고 세수를 하기도 했습니다.

게다가 시베리아에는 오줌에 무척 민감한 동물이 서식하고 있습니다. 바로 순록이 그것입니다. 순록은 매료되었다고 해도 좋을 정도로 인간의 오줌에 푹 빠져있습니다. 그렇기 때문에 야생의 순록을 잡기 위해서는 우선 오줌을 싸서 순록들을 유인합니다. 이런 풍습을 보면 유라시아 대륙의 북방에, 예전에 오줌이 인간의 사고나 의식의 거행에 중요한 의미를 갖고 있던 문화가 틀림없이 존재했을 거라고 생각해도 별 무리는 없을 것 같습니다. 적어도 브라만의 몸을 필터로 사용하던 제의가 있었을 거라는 가정이 그다지 터무니없는 것 같지는 않습니다.

현재의 프랑스의 송로松露(소나무 숲이나 바닷가에서 자라는 버섯의 일종-옮긴이)를 쫓는 돼지에 대해서도 마찬가지로 설명할 수 있을 겁니다. 돼지들은 인간의 오줌 냄새를 매우 좋아합니다. 그래서 인간의 오줌 냄새와 매우 유사한 냄새가 나는 송로를 좋아하는 겁니다. 이런 것들로 봐서 동물과 버섯과 인간의 몸에서 일어나는 생리 작용, 이것들이 하나로 묶여서 하나의 문화 시스템을 이루었을 가능성을 생각할 수가 있습니다.

광대버섯 아가씨 신화

그래서 마지막으로 캄차카 반도의 선주민先住民 이테리멘족 사이에서 전승되어 왔던 「체리쿠토프와 광대버섯 아가씨」 신화를 소개하기로 하겠습니다. 체리쿠토프라는 것은 북방신화에 자주 등장하는 문화 영웅의 이름입니다. 또한 갈까마귀의 대왕 쿠토프는 이 세계의 위대한 마법사로서 창조주 역할을 하고 있었습니다. 이 쿠토프의 딸이 시나네프토입니다. 신화는 이 두 사람의 결혼 장면에서 시작됩니다.

체리쿠토프가 갈까마귀 쿠토프의 딸 시나네프토에게 구혼을 했다. 그는 그녀를 위해 일을 하고 많은 땔감을 가져와서 마침내 시나네프토와 결혼했다. 그들은 매우 행복하게 함께 살았다. 시나네프토는 아들을 낳았다. 어느 날 체리쿠토프는 숲에 갔는데 거기서 아름다운 광대버섯 아가씨들을 발견해 그 아가씨들과 숲에 머무르게 되자 아내에 대해서는 잊고 말았다. 그런데 시나네프토는 걱정하며 기다리고 있었다. "도대체 이 사람이 어디에 있는 거지? 틀림없이 죽었을 거야." 시나네프토 부부와 함께 그녀의 고모이자 쿠토프의 여동생에 해당하는 노파가 살고 있었다. 그녀는 이렇게 말했다. "시나네프토야, 남편을 기다리는 건 그만두거라. 그는 오래 전부터 광대버섯 아가씨들과 함께 있단다. 아들을 남편한테 보내도록 해라."

소년은 아버지한테 가서 이런 노래를 불렀다. "나의 아버지 체리쿠토프. 나의 어머니 시나네프토. 아버지는 잊었어, 우리들을." 체리쿠토프는 아들이 부르는 노래를 듣고 이렇게 말했다. "가서 저 아이를 뜨거운 장작으로 지져버려라. 내가 저 아이의 아버지가 아니라는 걸 말해주어라." 광대버섯 아가씨들은 뜨거운 장작을 소년에게 갖다대 양손에 화상을 입혔다. "뜨거워 엄마, 뜨거운 장작으로 나를 지지고 있어!"라고 외치며 소년은 어머니한테 돌아갔다. 돌아오자 어머니는 물었다.

"아버지는 뭐라고 하더냐?" 그는 대답했다. "아버지가 '나는 네 아버지가 아니다'라고 했어. 광대버섯 아가씨들에게 뜨거운 장작으로 나를 지지라고 해서 손을 데었어. 화상을 입어서 아파. 내일은 아버지한테 안 갈 거야. 또 뜨거운 장작으로 지질 테니까."

다음 날 아침 노파는 그를 또다시 아버지한테 보냈다. 그리고 이렇게 말했다. "다시 한번 다녀오너라. 다시 한번 이렇게 노래하거라."

(이 다음은 약간 생략되어 있습니다. 사실은 이 과정이 두 번 계속됩니다. 이 소년은 두 번 뜨거운 장작으로 광대버섯 아가씨들한테

바위에 그려져 있는 광대버섯 아가씨 그림
(오기와라 사나코, 《동북아시아의 신화 · 전설》)

심하게 당하고 오는 셈이죠. 그리고 세 번째.)

"아버지, 우린 내일 보물을 전부 갖고 가버릴 거야. 아버지는 숲에 남아 있어, 광대버섯 아가씨 곁에. 아버지와 광대버섯 아가씨들은 나중에 전부 굶어죽을 거야"라고. 소년은 아버지한테 가서 노래하기 시작했다. "아버지, 우린 내일 보물을 전부 갖고 가버릴 거야. 아버지는 숲에 남아 있어, 광대버섯 아가씨 곁에. 아버지와 광대버섯 아가씨들은 나중에 전부 굶어죽을 거야."

체리쿠토프는 아들이 부르는 노래를 듣더니 화를 냈다. "아가씨들이여, 가서 저 놈을 가죽끈으로 채찍질을 하고 불로 지져버려라. 여기 못 오게 하라." 광대버섯 아가씨들은 불을 갖고 가죽끈으로 소년을 채찍질하고 불로 지져서 쫓아냈다. 소년은 울며 어머니한테 돌아갔는데 전신에 화상을 입고 있었다. 노파가 그에게 입김을 불어주자 불에 덴 자국은 금방 사라졌다. 노파는 "자, 시나네프토, 준비를 하고 숲으로 가자" 하고 말했다.

그들은 준비를 하고 짐승이라고는 한 마리도 남기지 않고 불러모 았다. 숲을 향해 가다가 숲에 도착하자 높은 산을 골라 올라갔다. 산에 물을 붓자 빙산이 되었다.

체리쿠토프는 숲에 갔지만 한 마리의 짐승도 잡을 수가 없었다. 발자국조차 찾아볼 수가 없었다. 체리쿠토프와 광대버섯 아가씨들은 배가 고팠다. 그들은 뭘 먹어야 할 것인가? (오기와라 사나코 荻原眞子, 『동북아시아의 신화 · 전설東北アジアの神話 · 傳說』)

만사는 적당한 것이 최고

이 다음에도 기나긴 이야기가 이어지지만 생략하겠습니다. 줄거리만 말하면 체리쿠토프는 결국 먹을 것이 없어져 궁지에 몰리자 후회하며 집으로 돌아옵니다. 후회하며 돌아온 그를 모두는 아무 일도 없었다는 듯이 맞이합니다. 하지만 광대버섯 아가씨들은 물이 없어져서 죽고 맙니다. 이 신화는 『리그베다 찬가』와는 달리 현실 세계에서 일어날 만한 일을 그야말로 생생하게 묘사하고 있습니다. 이런 기술을 보면 이테리멘족이 실제로 숲 속에서 광대버섯을 사용해서 제의를 거행했다는 것을 확실히 알 수가 있습니다.

신화는 다음과 같은 메시지를 전하려 하고 있습니다. 광대버섯이 일으키는 환각작용은 매우 매혹적이어서 현실 세계를 잊게 할 정도였다는 것이 숲 속의 매력적인 '광대버섯 아가씨'에 의해 표현되어 있습니다. 숲 속에서 광대버섯 아가씨의 유혹을 받은 체리쿠토프는 자신의 가족을 버리면서까지 숲에 머무르고자 합니다. 이 아가씨의 유혹은 바로 자연이 유혹하는 마력을 의미합니다. 체리쿠토프는 자연의 유혹에 완전히 빠지고 맙니다. 그리고 집으로 돌아가지도 않습니다. 그래서 아버지를 데려오기 위해 아이를 보내지만, 마녀와 같은 광대버섯 아가씨는 화상을 입혀 쫓아버립니다. 거기서 아내의 복수가 시작됩니다.

체리쿠토프와 시나네프토의 부부관계가 단절되고 맙니다. 시나네프토와 그녀의 고모는 산속으로 들어가서 커다란 빙산을 만듭니다. 빙산을 만들어서 산에서 흘러 내려오는 강을 막으려는 속셈입니다. 대왕 갈까마귀의 여동생 시나네프토는 여기서 새의 신을 나타내고 있는 것이 분명합니다. 그녀는 그리스 로마 신화의 다이아나처럼 산에서 사냥감을 제공해주는 '동물들의 왕'인 셈입니다. 산의 신이 물을 막아버리면 강에서 물고기를 잡는 것도 산에서 사냥을 하는 것도 불가능해져 바람둥이 체리쿠토프도 항복할 수밖에 없습니다.

여기에는 두 종류의 관계성이 표현되어 있습니다. 하나는 "모든 것이 적당한 거리와 적당한 관계를 유지하고 있는 세계"로, 인간이 자연에 경도되지도 않고 문화에 편중되지도 않은 채, 자연과 문화가 적당히 균형을 이루며 살아가는 상태를 의미합니다. 사회적으로도 자연과의 관계에서도 매개체에 의해 균형이 잡혀 있는 삶이라고 할 수 있을 겁니다.

다른 하나는 지나치게 자연에 경도되어 버린 상태입니다. 광대버섯 아가씨의 매력에 사로잡혀 집으로 돌아가는 것도 잊고 젊은 애인 곁에 딱 달라붙어 있는 체리쿠토프는 이러한 자연의 매혹에 사로

잡힌 상태를 나타냅니다. 덕분에 부부관계가 단절되고 맙니다. 그렇게 되면 자연과 문화 사이의 중개자가 없어져서 자연의 부를 얻을 수 없게 됩니다. 지나칠 정도로 자연의 매혹에 사로잡히게 되면 거꾸로 자연으로부터 아무 것도 얻을 수 없게 된다는 사상이 여기에는 표현되어 있습니다.

신화는 경고한다

이테리멘족은 광대버섯이 일으키는 환각작용을 매혹적인 자연의 유혹으로 표현한 셈인데, 신화에서 유혹은 적당한 관계를 유지할 때는 좋은 효과를 발휘하지만 유혹에 푹 빠지는 것은 위험하다고 경고하고 있습니다. 실제로 그들은 광대버섯을 사용하는 제의를 매우 좋아했던 사람들이지만, 신화는 사고하는 철학으로서 그것에 대해 우주적 차원에서의 결단을 내리고자 하는 겁니다.

이 때 신화는 현실과 환상 사이에 서서 둘을 중개하고자 합니다. 게다가 환상 세계에 매몰될 경우의 위험에 대해 잘 알고 있습니다. 이와 같이 신화는 현실과의 대응 기능을 절대로 상실하지 않기 위해 노력합니다. 하지만 우리는 바람둥이 체리쿠토프처럼 현실 세계를 버리고 광대버섯 아가씨가 주는 쾌감에 빠져버리고 싶은 욕망도 몰래 갖고 있습니다. 바꾸어 말하면 현실을 잃더라도 가상의 세계에 들어가 버릴 가능성을 항상 갖고 있는 존재라 할 수 있습니다. 우리의 마음은 현실 세계의 풍요로움과 복잡함을 오감을 통해 받아들이려고 하지만,

동시에 마음속에 있는 완전히 자유로운 가상의 영역에 빠져들고 싶다는 생각을 하기도 합니다. 광대버섯 아가씨의 유혹은 지금 바로 여기에 존재하는 위험이라고 할 수 있습니다.

그런 위험성에 대해 신화는 경고를 해왔습니다. 인간이 자신의 마음속의 가상 영역에 너무 깊이 빠져 들어갈 때 인간은 우주 속에서도 균형을 잃습니다. 그러면 산은 폐쇄되고 빙하로 뒤덮여 지상에는 황폐함이 지배하게 될 겁니다. 우리의 현대 문명은 도처에 광대버섯 아가씨의 유혹으로 가득 차 있습니다. 본질적으로 가상적인 성격이 강한 문화가 그것을 조장하고 있습니다. 이럴 때 신화라면 뭐라고 할까요? '구체성 세계의 풍요로움을 다시 한 번 확인하세요' 라고 말할 것이 분명합니다. 그것이 바로 '양식만' 이 아니라 '내용'을 갖춘 신화라는 겁니다.

신화학 입문에 대한 이야기는 이것으로 마치기로 하겠습니다. 어려운 부분도 있었을 거라고 생각합니다. 그동안 경청해주셔서 감사합니다.

역자 후기

시공을 초월한 야생적 사고

김옥희

대학에서의 이상적인 강의는 어떤 것일까요?

경력이 쌓여갈수록 교수들은 자칫 매너리즘에 빠져, 가르침을 주는 것이 교수의 본분이라는 사실을 잊고 강의에 소홀해지기 쉽습니다. 하지만 강의는 경우에 따라서는 수강하는 학생들의 일생을 좌우할 수도 있는 매우 중요한 것이라고 생각합니다. 어느새 오래 전의 이야기가 되었습니다만 개인적인 이야기를 좀 하겠습니다. 제가 학부제로 대학에 입학했을 때 국문학과를 선택하게 된 데에는 김열규 선생님의 〈국문학개론〉 수강이 결정적인 계기가 되었습니다. 그 후로 저는 계속 문학과의 인연을 이어가며 살아가고 있으며, 그리고 앞으로도 그렇게 살아갈 겁니다.

그래서 지금도 그 때의 기억을 되살리며 강의에 열의가 식어가려 할 때면 스스로를 다잡고는 합니다. 일본의 다도茶道에서 일기일회一期一會 정신을 강조하듯이, 강의실에서의 교수와 학생의 만남이 평생 단 한번밖에 없는 기회라는 생각으로 서로가 임할 때, 그 강의실은 참으로 멋진 강의실이 될 겁니다.

이런 개인적인 이야기를 늘어놓은 것은 머리말에 소개되어 있듯이, 이 책이 저자 나카자와 신이치中澤新一가 일본의 주오中央대학에서 강의한 내용을 담고 있기 때문입니다. 그래서 강의록인 이 책의 번역을 계기로 대학에서의 강의의 중요성을 다시 한번 생각해본 겁니다. 번역을 마치며, 제가 대학 1학년에 이 강의를 들었다면 지금쯤 신화학도가 되어 있을지도 모른다는 생각을 해보았습니다. 동서양의 경계를 뛰어넘은, 그리고 원시 시대와 현대를 넘나드는 '야생적 사고의 산책'. 시공을 초월한 이런 화려한 강의를 들을 수 있었던 학생들은 매우 행복했을 겁니다. 그만큼 이 책은 신화의 심오함과 매력을 충분히 느끼게 해주었고, 신화가 우리 가까이에 존재한다는 사실을 일깨워 주었으며, 엄청난 양의 정보를 제공해주었습니다. 번역을 마친 후에도 "신화를 배우지 않는 것은 곧 인간을 배우지 않는 것과 같다"는 저자의 말은 주술처럼 뇌리에서 떠나지 않습니다.

저자 나카자와 신이치는 80년대에 뉴아카데미즘의 기수로서 등장한 종교학자이자 철학자입니다. 저자는 이제까지의 많은 저서들을 통해서 종교학, 인류학, 양자역학, 우주론 등 다양한 영역을 자유로이 넘나들며, 이종교배를 통해 기존의 사고의 틀에서 벗어난 독특한 사고법을 제시해왔습니다. 그러한 독특한 사고법은 해박하면서도 깊이 있는 지식과 방대한 정보, 그리고 자유분방하고 폭넓은 사고의 조화에 의해 가능한 것이라고 생각합니다.

이 책은 그러한 나카자와 식의 독특한 사고법을 토대로 구성될 강의록 시리즈 〈카이에 소바주〉의 첫 번째 책으로서 2002년 1월에 출간된 『人類最古の哲學』(講談社)을 번역한 것입니다. 시리즈의 첫 번째 책인 만큼, 신화를 단서로 해서 태고의 인류의 우주관, 자연관에의 접근을 시도한 신화학 입문으로서의 성격을 띠고 있는 책입니다.

이 책의 가장 큰 특징이자 매력은 강의록이라는 데에 있습니다. 저자도 머리말에서 이야기하고 있듯이, 강의록은 일반적인 저술에 비해 생동감이 느껴지고, 깊이 있는 내용이라 할지라도 이야기 방식이 평이하여 누구나 이해하기가 쉽다는 장점을 갖고 있습니다. 그리고 지적인 자극으로 가득 차 있어 신화 연구의 묘미를 충분히 느끼게 해줍니다. 또한 강의실에서나 가능한 유머, 자유로운 일탈을 통해 〈야생적 사고의 산책〉을 충분히 즐길 수 있다는 장점도 갖고 있습니다.

이 〈야생적 사고의 산책〉에서의 압권은 우리에게 매우 친숙한 소재인 신데렐라 이야기를 분석한 부분입니다. 전세계에 퍼져 있는 다양한 신데렐라 이야기를 분석하면서, 저자는 단순히 이야기의 분석에 머무르지 않고, 인류가 현실에 대해서 어떤 철학을 가지고 대처하고자 해왔는지를 밝혀 갑니다. 그러면서 여러 변형된 신데렐라 이야기 속에 내포되어 있는 신화적 사고의 원형에 접근해갑니다. 노련한 저자의 인도에 이끌려가다 보면 눈앞에는 어느새 새로운 세계가 펼쳐져 있습니다. 우리는 이런 신데렐라 이야기의 화려하고 다양한 퍼레이드를 감상하며 황홀경에 빠지지 않을 수 없습니다.

그러다가 신데렐라가 떨어뜨리고 간 신발 한 짝의 의미를 해독해 가는 과정에서는 지적인 긴장감을 맛보게 됩니다. 이것은 신화학에서 오랫동안 풀리지 않는 수수께끼였다고 합니다. 이윤기도 『그리스 로마 신화』(웅진닷컴, 2000)에서 신화를 이해하는 12가지 열쇠

중 첫 번째 열쇠로서 「잃어버린 신발 한 짝」에 주목한 바 있습니다. 하지만 그는 많은 의문만을 제기한 채 명쾌한 해답을 내놓지는 않았습니다.

그런데 저자는 해박한 지식과 유연한 사고를 바탕으로 집요하게 그 수수께끼를 풀어가고 있습니다. 레비 스트로스의 추론과 진즈부르그의 연구, 그리고 신데렐라 이야기의 여러 이본들에 대한 분석에 의해 신데렐라와 오이디푸스와의 공통점을 발견하여, 결국 신데렐라는 산 자와 죽은 자를 중개하는 존재라는 결론에 이르게 됩니다. 그리고 신데렐라가 떨어뜨리고 간 신발 한 짝은 신데렐라에게 새겨진 망자의 왕국의 각인이라는 겁니다. 전혀 예상치 못한 결론이었지만, 설득력 있는 논리 전개와 풍부한 예증에 의해, 읽는 이들은 저자가 짜놓은 정교한 그물에 걸린 자신을 발견하게 됩니다. 그리고 결론에 이르기까지의 과정 또한 매우 치밀하여 읽는 이들의 호기심을 유발하기에 충분합니다. 저자의 이런 해독 과정을 따라가다 보면 우리는 스릴 만점의 귀중한 지적 체험을 할 수가 있습니다.

하지만 저자는 여기서 만족하지 않습니다. 마지막 장에 해당하는 「신화와 현실」에서는 신화 연구의 의미와 필요성에 대해 이야기합니다. 신화는 항상 현실과 밀접한 관계를 맺으며 발생했다는 것을 강조하며, 가상 문화의 전성기를 살아가고 있는 현대인에게 있어서 신화가 갖는 의미에 대해 언급하고 있습니다. 그러면서 저자는 많은 메시지를 던집니다.

구체성과 내용이 결여되고 '양식만'으로 이루어진 가상의 세계에 너무 깊이 빠져들면 인간은 이 우주 속에서 균형을 잃게 된다는 것을 신화의 힘을 빌어 경고하고 있습니다. 많은 시간을 가상 공간 속에서 보내 현실 세계와의 괴리가 점점 심해지고 있는 현대인들, 특히 가족이나 이웃과의 대화보다도 가상 세계에서 만난 상대와의 채팅에 더욱 많은 시간을 소비하는 현대인들이 귀담아 들어야 할 경고입니다. 그런 메시지에는 컴퓨터 기술이나 IT 혁명에 의해 생겨난 다양한 가상의 세계와 태고의 신화 세계에 대한 '중개기능'을 수행하고자 하는 저자의 의지가 담겨 있는 듯합니다.

머리말에서 밝히고 있듯이, 저자는 레비 스트로스로부터 지대한 영향을 받았습니다. '문명'과 '야만'이라는 이분법적 사유방식과 가치 체계에 대해 통렬한 비판을 가했던 레비 스트로스에 대한 저자의 존경심은 이 책의 구석구석에 배어 있습니다. 그런 만큼 신화나 민담의 분석을 통해서 현대인들이 야만적이고 미개한 것으로 치부하곤 하는 고대인들의 사고의 가치를 일깨워주고자 하는 노력과 곳곳에서 마주칠 수 있습니다. 이러한 노력에 의해 독자는 고대인들이 지니고 있던 경탄할 만한 사고의 깊이에 접하는 경험을 하게 됩니다.

특히 미크마크 인디언의 신데렐라 이야기 「보이지 않는 사람」은 매우 인상적이었습니다. 페로판 신데렐라 이야기에 대한 그들의 비평 정신과 보이지 않는 세계의 가치를 강조하는 그들의 고귀한 정신은 참으로 놀라웠습니다. 보이는 것의 가치만을 중시하는 요즘의 풍조, 그런 풍조 속에서 내면보다는 외면을 꾸미기 위해 온갖 노력을 아끼지 않는 젊은 세대들이 이 이야기를 읽고 자신을 되돌아보는 계기를 삼았으면 하는 마음이 들었습니다. 그리고 보이지 않는 세계의 가치를 알아볼 수 있는 사람들이 좀더 많아진다면 현대 사회가 안고 있는 많은 문제점들이 해결되지 않을까 하는 생각을 해보았습니다. 어쩌면 신화의 가치도 '누덕누덕 기운 듯한 피부의 소녀'처럼 마음이 순수하고 깨끗한 사람들에게만 보이는 것인지도 모르겠습니다.

이런 매력적인 책을 번역하게 된 것은 크나큰 행운이라고 생각합니다. 그런 행운을 소중히 여기는 마음으로 이 책을 번역했습니다. 따라서 원서의 매력을 손상시키지 않으며 제가 받은 감동을 독자들이 번역서를 통해서도 느낄 수 있도록 최선을 다하고자 노력하지 않을 수 없었습니다. 그런 저의 노력에는 기획부터 포장까지 참신하고 섬세한 아이디어를 동원하여 책 한 권 한 권에 온갖 정성을 쏟는 도서출판 동아시아의 여러분의 노고에 보답하고자 하는 마음도 담겨 있습니다.

번역서를 낸다는 것은 일종의 '중개기능'을 수행하는 것이라고 생각합니다. 동아시아 가족 여러분이 저자와 한국의 독자, 혹은 한국과 일본의 신화 연구자를 이어주는 '중개기능'의 중요성을 충분히 인식했기에 이 책의 완성도는 훨씬 높아질 수 있었습니다. 그 과정에 참가하면서 저에게는 이 책의 번역이 '신화란 무엇인가'에 덧붙여서 '번역이란 무엇인가'에 대한 생각을 정리할 수 있는 좋은 기회가 되었습니다.

2002년 6월에 시리즈의 두 번째 책 『곰에서 왕으로』가 출간되었습니다. 그리고 시리즈의 나머지 세 권에 대해서는 제목만 알려져 있는 상태입니다.『사랑과 경제의 로고스』『신의 발명』『대칭성인류학』이라는 제목의 책들이 앞으로 발간될 예정입니다. 지적 호기심을 유발하기에 충분한 이런 제목하에 이 시리즈가 어떤 내용으로 채워질지 완결이 기대됩니다.